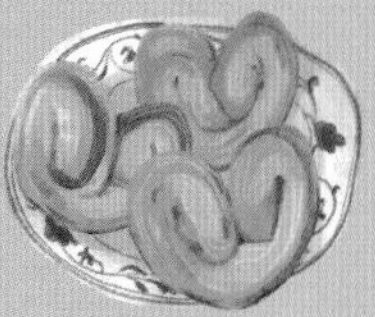

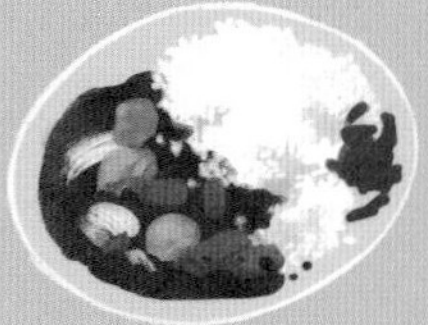

食光記憶

12則鄉愁的滋味

胡川安
郭婷
郭忠豪

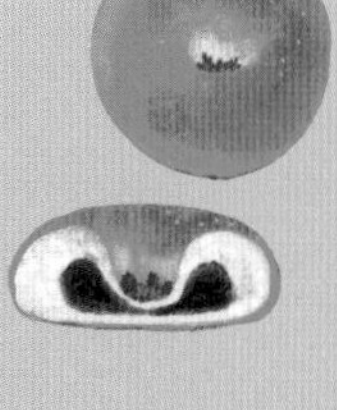

目次

推薦序

父親的鄉愁味

韓良憶

看了《食光記憶：12則鄉愁的滋味》，讓我想起了父親與他的「西餐」。

常聽人說，在異國求學、就業期間，午夜夢迴，想家的時候，最渴望卻不可得的，往往是故鄉路邊攤的一盤蚵仔煎、一碗肉圓或媽媽的炒米粉。我旅居荷蘭的那些年，也不乏凡此種種將鄉愁寄於舌尖的時刻，然而讓我饞到快掉淚了，不光是所謂的台灣味，偶爾還有從小吃到大的西餐，對我而言，那也是家鄉的味道。

比起同一輩台灣人，我算是比較早接觸到西洋食物，原因無他，因為先父愛吃西餐。開始跟著爸爸上西餐廳時，我才五、六歲吧，說不定更小。我們最常去中山北路二段的「大華飯店」，偶爾上嘉新大樓頂樓的「藍天西餐廳」或南京東路的羽球館餐廳，後來大華歇業了，我們就轉去小南門的「中心餐廳」。

多半由爸爸點菜，前菜不是燴牛舌，就是燻鯧魚，湯常常是牛尾湯或鄉下濃湯（番茄蔬菜湯）。主菜呢，最常吃忌士焗魚或焗蝦，一小盅端上桌，表面是焗烤到焦脆的忌士，也就是乳酪。揭開來，熱氣氤氳而上，底下是奶油白醬，裡頭埋著無刺的魚肉或明蝦。還有炸豬排，敷了麵包屑炸成金黃，鋪在瓷盤上，偌大的一片。吃豬排時一定要蘸「梅林辣醬油」，爸爸還會吩咐跑堂，多來點酸甜的「酸黃瓜」。

及長才知道，我從小到大吃得津津有味的所謂西餐，包括爸爸三不五時便親自下廚熬煮的「羅宋湯」在內，都是源自上海的海派西餐，亦稱滬式西餐。我所熟悉的那些菜色，全是摻雜了中國味的法國菜、德國菜、義大利菜、英國菜和俄國菜，從來就不是道地的西菜。

根據舊式的身分證，父親籍貫是江蘇東台，但他其實是在與上海崇明島隔江相對的南通長大，成年後在上海住過一陣子。對於像爸爸這樣從小養尊處優又生性好奇的小城富家子弟而言，上海這十里洋場是世上最摩登的所在，也是他與西洋接軌的開始，而好吃也講究吃的父親，與滬上的洋事物最直接也最切身的接觸，想來就是海派西餐了。

海派西餐肯定特別合他的胃口，不然，他怎麼會在來到台灣、結婚生子後，還不時帶著他的本省籍妻子和台灣出生的子女，吃遍台北有名的滬式西餐館？好幾年前，我不知在網上還是書中看到一篇文章，說是六〇年代末期，台北大華飯店一客A餐（一湯兩菜外加甜點和飲料）的價錢是普通小學教員將近半個月的薪水。倘若此事不假，雖說孩子胃口小，可以點半客，價錢便宜一點，但是咱一家大小週末去吃頓西餐，終究得花掉當時小學老師一個半月以上的勞務所得！爸爸為了吃西餐，竟如此揮霍。

近二十多年來，越來越多標榜著正宗法國菜、德國菜、義大利菜的餐廳，出現於台北街頭，時代和社會氣氛的變遷，加上父親這一輩的「江浙人」慢慢老去，不中不西的滬式西餐無可避免地凋零了，最終僅存七〇年代中期遷居信義路二段的「中心」強撐場面，在進入二十一世紀後又熬了五、六年，才熄火歇業。

父親在世最後幾年，我回台灣探父，三番兩次問他想不想去吃西菜，好比義大利菜或法國菜，他總是不置可否，意興闌珊。有一回跟他聊天，講到兒時的大華飯店，他那天談興甚高，順著我的話頭，一一數說起當年台北有名的西餐館，結論是，「大華算是最好的，不輸老上海的西菜館。」這話一說完，老人家又沉默了，臉上浮現惘然的神情。

就在那一刻，我彷彿明白了，父親愛吃的根本並不是「西洋菜」。對他而言，帶著中國味的滬式西餐，並不只是口腹之欲，那當中尚蘊藏著對往昔時光和故鄉的脈脈溫情，換句話說，那其實是父親的鄉愁滋味，而這樣亦華亦洋的「西餐」，眼下也已成為我將永遠懷念的父系味道。

序

唇齒間的鄉愁

城市，是鄉愁的起點與終點。

東京、紐約和上海都是人群輻輳之地，四面八方的人們聚集於此，除了城市本身的性格外，移民也增添了多元的文化。負笈他鄉，在異地求學、生活、工作，各式各樣的原因讓人群得遠走他鄉，到異地生活。由移民從家鄉所帶來的口味在城市中混合、雜揉，消解了移民的鄉愁，也增加了城市的特色。

《食光記憶》聚焦於移民、離散、流亡、異鄉人和食物的關係，在聚散離合益發頻繁的當代，用食物串起世代間關於移動、鄉愁和品味的記憶，以食物說時光流轉的故事。這是一場透過食物的時空旅行，從亞洲到美洲、從成都到東京、從土耳其到上海、從台北到紐約……每一道菜溫暖了脾胃之外，也承載著家族、家鄉和文化的背景。

東京

日本的飲食文化透過台灣移民的努力在紐約開枝散葉，東京作為日本的首都，飲食文化也不是那麼的「日式」，而是日本人與不同移民所交錯的結果。美國艦隊司令培里於一八五三年要求日本開港，結束了日本的鎖國，外國人進入日本。隨著明治維新日本的壯大，對外發動戰爭。以往的歷史都強調政治的變遷與技術的革新，但是透過食物也可以理解日本的現代歷程、認識不同文化間的交流，書中的紅豆麵包、咖哩飯、燒肉和麻婆豆腐分別代表了日本人與西洋、印度、韓國和中國交流的縮影。這四種食物現在都在日本生根，成為日本的國民美食，但每一種食物都展現一個時代的片段，串聯起日本的近代史與大時代的悲歡離合。

紅豆麵包可以看到日本人在明治維新時期對於西洋麵包的吸收與轉化；印度咖哩和日式咖哩則是一段愛情與反殖民戰爭的故事；燒肉則說明了韓國人在殖民期間

帶給日本的遺產；而麻婆豆腐的故事則表現了中華民國與中華人民共和國間的愛恨情仇，但發生的場所卻在東京。每一則故事都有著無數的生命流轉於其中，不同的移民匯聚於東京，東京的飲食改變移民，移民的飲食也改變了東京。

上海

鄉愁是種記憶，有點模糊，但帶著浪漫，朦朧間將大時代的悲劇美化了。一九三〇年代的上海似乎總是帶點洋味，帶點殖民風情，有時看是中又是西，但又不是中也不是西，文化總是介於中間，模糊、不清楚，混雜著多種文化特質的元素。對於郭婷而言，上海不只是懷舊的浪漫，也是家族的生命記錄，繾綣的回憶那興盛與破敗的共榮共生。

或許對於魔都上海的書寫已經過多了，從小說、電影到學術研究不勝枚舉，但缺乏食物給人的溫暖和感情、缺乏凱司令咖啡館中栗子蛋糕的甜蜜，沒有國際飯店蝴蝶酥中所烘焙的記憶和文化、沒有紅房子西餐廳中火焰冰激淩的冰火交融、當然也少了一點羅宋湯當中俄羅斯人流亡的故事。飲食、餐廳和鄉愁的記憶，在餐桌上共同譜寫上海那段畸形、中西雜揉且絢麗的繁華。

紐約

留學生至異地求學，夜深人靜時除了陪伴自己的書本，還有濃濃的鄉愁。鄉愁的滋味通常只能透過食物來排解，一杯珍珠奶茶、一頓同鄉間的宴席、一碗滷肉飯，總是讓台灣學子們稍稍忘懷思鄉之情。畢業於紐約大學歷史系的忠豪，長期關注紐約華人與台灣移民的飲食文化，除了以吃一解鄉愁，也了解台灣人在異鄉打拚的歷史。台灣人在紐約所開的菜館，反映了台灣的歷史現實，包含著日本文化的浸染、一九四九年中國移民的遷徙，具體而微的展現這個島的身世。

或許是台灣受到日本殖民的影響，很早就習慣日式的飲食文化，所以紐約第一家迴轉壽司「元祿壽司」就是由台灣留學生創業發揚光大的，幫紐約的餐館地圖注入日本味道。有趣的是，甚早在紐約出現的川揚菜館也是台灣人創立的，它結合本省人與外省人的智慧，成為當時紐約客的中菜廚房，可以說反映了外省移民與本省交錯的歷史現實。當然，道地的台菜餐廳也讓紐約台灣移民大為驚豔，甚至錯把他鄉當故鄉了。而新世紀的台灣餐飲非珍珠奶茶搭配鹽酥雞莫屬，不但在全美造成風靡，也能看見台灣新移民如何把東方的茶文化帶向全世界各個角落。

紐約、東京、上海，都是國際城市，匯聚各色人種，每個人都帶著自己故鄉的味道，但也沾染了這個城市的色彩，你中有我、我中有你。透過飲食看到了城市的鄉愁，也在城市的多元文化中解消了鄉愁。

胡川安二〇一六年秋記於輕井澤虹夕諾雅

東京——東洋與西洋的交會

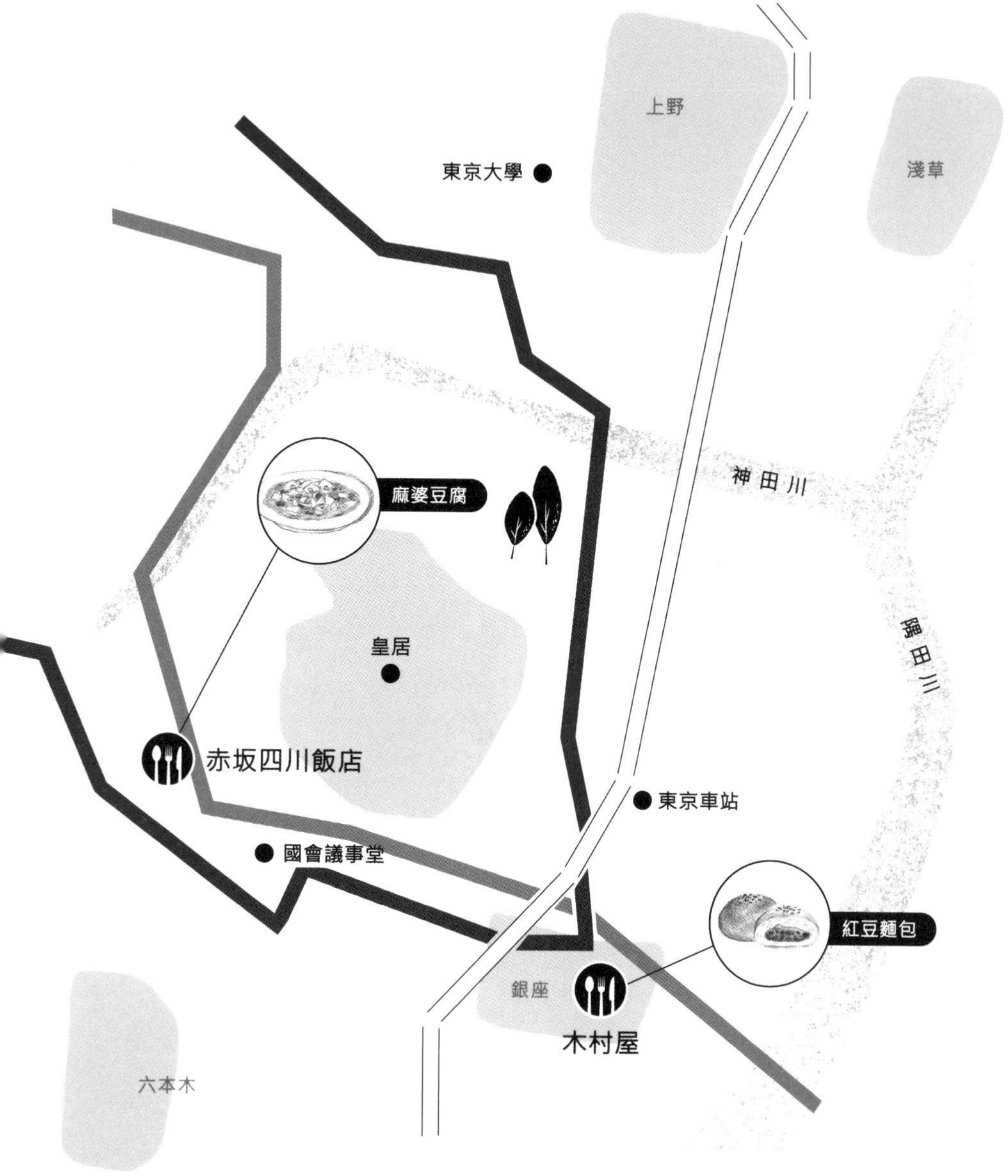

上野
淺草
東京大學
神田川
麻婆豆腐
皇居
隅田川
赤坂四川飯店
東京車站
國會議事堂
紅豆麵包
銀座
木村屋
六本木

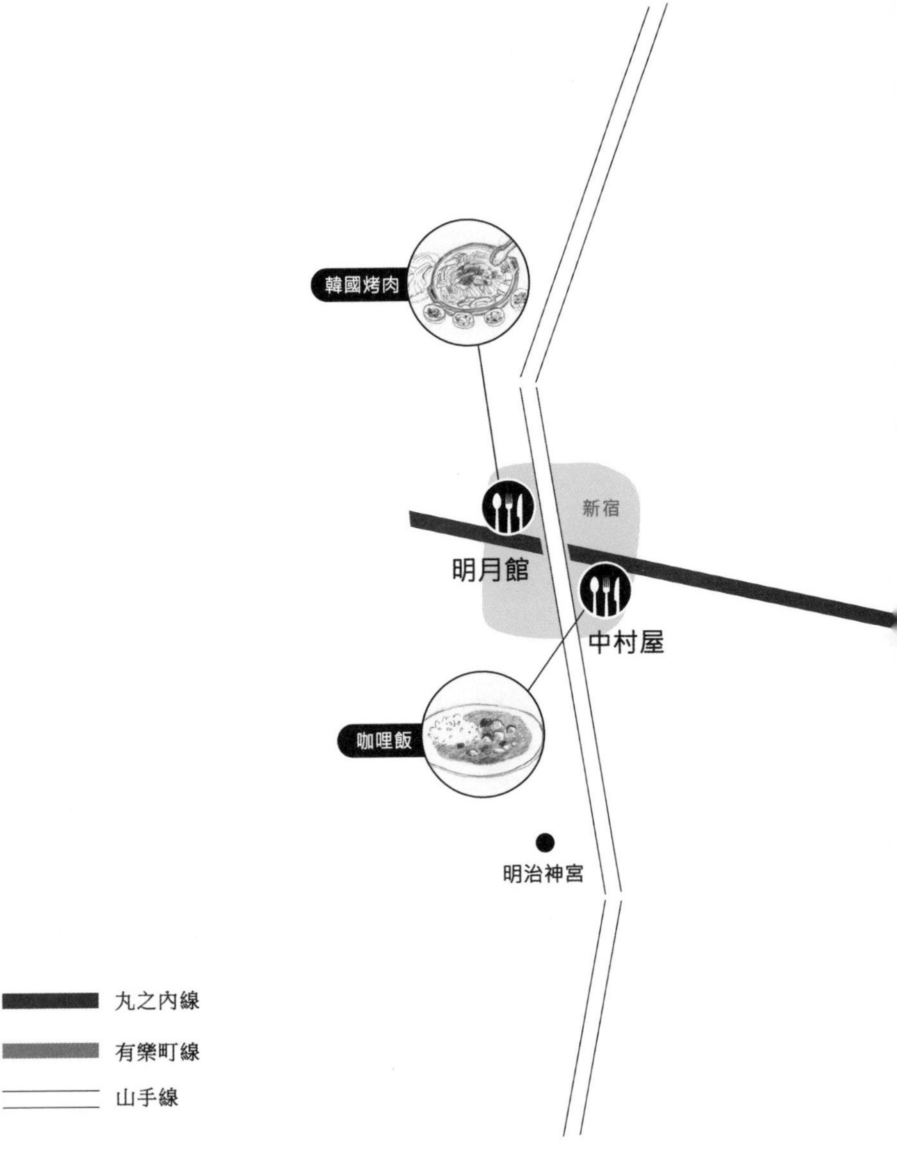

木村屋總本店
東京都中央區銀座4-5-7　銀座木村家 1F

中村屋
東京都新宿區新宿三丁目26番13號

赤阪四川飯店
東京都千代田區 平河町2丁目5-5

燒肉レストラン 明月館
東京都新宿區西新宿1-4-5明広ビル 1.2F

麵包的「和食」化：麵包與紅豆麵包的故事

東、西方的飲食差異，很重要的部分就是主食的不同。日本人雖然有吃蕎麥等雜穀，但是他們以「米食」作為認同的核心，甚至覺得吃米飯和作為一個日本人之間有著密不可分的關聯。

食物是吃進身體的東西，所以透過食物區分他人和自我也是人類劃分彼此的重要界線。麵包不只是麵包，對於日本人而言，麵包還有宗教和文化上的象徵意義，也有飲食和文化交流的關係。日本人不僅單純地接受西方的麵包，他們還改變麵包的食用習慣，將以往的「和菓子」與麵包的食用習慣結合，改造成紅豆麵包。

麵包的故事很複雜，從大航海時代日本人就接觸到麵包，但到明治維新後才改變飲食的習慣。

日本人甚麼時開始接觸到麵包呢？

應該可以追溯到十五世紀中期，在德川幕府尚未鎖國之前，葡萄牙、西班牙、荷蘭的商船在九州附近與日本人交易。

現在日文中的麵包用假名寫成「パン」，應該是從葡萄牙語而來，台灣話中的麵包也受到日本人的影響，日本人用漢字「波牟」、「蒸餅」、「麥餅」加以記錄。

大航海時代很多西洋的新鮮事物和食物都傳入日本，從安達巖的研究中可以發現，新的農作物從玉米、馬鈴薯、南瓜、辣椒和番茄都在此一期時期傳入東亞；食物的作法也傳入日本，包括：麵包、餅乾、蜂蜜蛋糕、天麩羅……等。

戰國時期的武將也沾染了一些洋風，織田信長穿著南蠻服和帽子，豐臣秀吉也在自己所建的聚樂第試飲葡萄酒。

然而，德川幕府建立之後，寬永十六年（一六三九），第三代將軍家光實行鎖國政策，只跟荷蘭人在長崎進行貿易。原本對於基督教與外國文化較為寬鬆的政策，也改成嚴格的查禁。

麵包是甜點還是主食

長崎成為日本鎖國時代的交易地點，在南蠻船中主要交易的東西是從東南亞來的砂糖。日本最早的砂糖是八世紀時由唐所傳入，入唐的僧人鑑真將砂糖獻給孝謙天皇。然而，當時砂糖是作為感冒的藥品，而且僅在上層階級流傳。

江戶時代日本向外輸出大量的銀、生絲，砂糖則是輸入品，從長崎由荷蘭和中國輸入，當時每年輸入的量超過一千五百噸，主要都是荷蘭人從台灣帶入的。砂糖和雞蛋是西洋甜點最主要的原料，除了砂糖的傳入，西洋傳來的甜點，包含長崎蛋糕、金平糖、餅乾都是這時期傳入。值得注意的是西洋人將麵包當作主食，而非甜點，但是日本此一時期卻是把麵包當作甜點，這也影響後來紅豆麵包的出現。

鎖國時代的日本已經有人討論麵包是主食還是甜點，他們對於世界上有人竟然吃這樣的東西度日感到好奇，我們來看看他們是怎麼理解麵包的。《蘭說弁惑》從比較文化的角度出發，討論日本人和荷蘭人的差異，其中以問答的形式討論麵包：

問：荷蘭人經常吃的麵包是用甚麼做成的呢？
答：以小麥粉加入醴（酒麴的一種），攪拌之後再加以蒸烤，作為早餐和晚餐吃。
問：荷蘭人不吃米飯嗎？
答：飯的話吃得不多，而且只吃天竺（印度）米。
問：麵包的語源從何而來呢？
答：麵包從哪國而來？不是很清楚，荷蘭人稱為Brood，荷蘭的鄰國佛郎察（法國）稱為Pain。

麵包雖然在江戶時代已經傳入日本，但當時的日本人只把它當成一個遠方的奇風異俗，不會想要吃它。而且，對於日本人而言，不吃麵包還有文化和宗教上的理由。

基督的肉

從七世紀中期天武天皇頒布〈禁止殺生肉食之詔〉之後，日本人的飲食排除了家畜的雞、鴨、牛和豬，肉質主要從魚肉當中攝取。從貴族到平民階層，普遍認為食肉是不潔的飲食行為，不僅會讓身體有奇怪的味道，還會污染身心，無法侍奉神佛。

日本人對於肉食的排拒不只在形體上，在精神上也是如此，這也就是為什麼一開始無法接受麵包的原因。基督教的「聖餐禮」，齊聚一堂的信眾將麵包切成一片一片，搭配著葡萄酒。麵包為耶穌基督之肉所化，葡萄酒為其血所化，麵包曰聖肉、葡萄酒曰聖血。從安達巖的研究中，對於日本人而言，麵包（肉）和葡萄酒（血）與佛教的教義完全無法相容。

由於幕府的鎖國政策，日本一般人要接觸到西洋的麵包也不容易。在德川時代有一些人不忌諱幕府禁令的人篤信基督教，他們寧願冒犯流放之刑也不放棄自己的信仰，這些人用饅頭取代西洋人的麵包，舉行「聖餐禮」的儀式。

為了國防的麵包

日本人後來接受麵包不是因為麵包的香氣感動了他們，而在於政治和文化的改變，三個重要原因在於：清國的鴉片戰爭、明治維新和「江戶患」。

麵包怎麼牽扯上鴉片戰爭呢？一八四〇年的鴉片戰爭，清國戰敗，被迫簽訂南京條約，開放五口通商。對於日本人而言，東亞的大哥清國已經被攻破，接下來日本也無可避免的要與西方人接觸。

德川幕府對於外國人即將來日的局勢感到憂心，當時的海防權威江川太郎左衛門，在台場構築砲台準備迎擊外國人。日本人知道與外國人正面衝突一定得不到好處，便採用出其不意偷襲的方式。

偷襲的戰法不能讓敵人得知我軍的伏兵，軍糧無法使用米飯，因為米飯一定要炊煮，在敵前生火煮飯無疑是自找死路，讓敵軍砲火集中可以直接攻擊。江川在文獻當中找到了麵包，認為麵包作為軍糧不僅好攜帶，而且不用炊煮，不會有裊裊的煙升起，不容易讓敵人找到，而且在任何時間和地點都可以吃。

江川於是開始思考麵包的製作方式，在天保十三年（一八四二）四月十二日於伊豆開窯製作麵包，那一天成為日本國產麵包製作的紀念日。

當時幫助江川做麵包的作太郎是長崎人，曾經在荷蘭人的宅邸當中幫傭，學會了製作麵包的方法。從《日本的麵包四百年史》的考證，當時麵包的麵粉是從烏龍麵而來，發酵的酒種則從饅頭而來。由於日本人不習慣單吃麵包，所以會加入雞蛋和砂糖，和南蠻菓子的作法類似。作太郎採用的是荷蘭麵包的作法，然而讓麵包發酵的是日本獨自的酒種，可以說是東、西飲食的合作。

為了富國強兵的麵包

幕府末年為了軍糧所作的麵包，長州藩和水戶藩也都曾經嘗試開窯做麵包，當時天下大亂，時有戰事，做麵包的理由主要是因為攜帶方便。然而為了國防目的而研發的麵包，後來沒有持續下去，主要是因為飲食習慣沒有改變，日本人吃麵包還需要政治、文化與宗教上的解禁。

吃麵包有那麼複雜和嚴肅嗎？

沒錯，在明治維新前後的日本，除了引進西方的技術文明之外，明治六年對於基督教的禁令廢止，而且一般人的肉食禁令也解除，麵包作為基督的「肉」也在此一時期得到飲食的自由。

當日本開放通商口岸後，麵包店一開始在橫濱的外國人居留地開設，主要是給外國人吃的。明治初年橫濱外國人居留地開了四家麵包店，其中經營最好的是美國人克拉克（R. Clark）所開的 Yokohama Bakery。克拉克返國之後，將店頂讓給在店內工作的打木彥三郎。

麵包店一開始只在橫濱和神戶等通商口岸，而且購買的族群主要是外國人，日本人開始大量接受麵包跟全民皆兵制較有關係。

「江戶患」

以富國強兵為目標的明治政府，將現代軍隊的建立視為首要目標。然而，提供軍隊的飲食究竟該以西式的麵包為主？還是日本的米食為主？明治政府也毫無頭緒，所以一開始軍隊伙食提供的是「日の丸」便當，就是白米飯中間配上醬菜。

從農村徵集而來的平民很少有機會吃到白米飯，所以就算「日の丸」便當有點寒酸，但是對於從軍的士兵而言已經很奢侈了。由於白米飯需要比較高的碾米技術，以往是有錢人家、武士才吃得起的主食。

江戶時代的武士吃得起白米飯，容易罹患一種「江戶患」的疾病。症狀是體虛、精神倦怠、食欲不振，嚴重有可能會導致心臟衰竭。明治政府發現海軍當中有超過一成以上的人患有這種病，對於整體的戰力影響相當大。

「江戶患」在西方人的身上找不到這種症狀，是一種亞洲地區的「風土病」，後來被證實是腳氣病。關於醫治的方法，醫師森鷗外（就是那個文豪）認為是細菌感染，提倡所謂的「病原菌說」；然而，高木兼寬則認為是飲食出了問題，關鍵在於蛋白質，兩人之間的看法相持不下。但是，前線因為腳氣病死亡的人數太多，其後採用高木的說法。因此，一八八四年日本海軍開始參考西方海軍的飲食，在「筑波」艦上將軍隊的伙食從白米飯改成麵包，後來發現艦上的官兵們都沒有腳氣病的問題，也是因為這個契機，日本人開始大量吃起麵包。

日本人一開始接受麵包，主要是因為國防、富國強兵的需求，並沒有將他當成主食。除了軍隊、政府的推廣，明治時代在東京也開起了麵包店，這些麵包店中又以木村屋的紅豆麵包最具特色。紅豆麵包的故事是一個失業武士在新時代中創業成功的故事、是日本人透過自己味覺習慣改變麵包的故事，也是一個文化交流的故事。

說起紅豆麵包的發明，我們可以從失業的武士開始說起。

失業的武士

經濟不景氣的時代，很多人都找不到工作，或者所學與社會的需求不同，這樣的時代在歷史上經常見到，明治維新前後的日本就是如此。

明治維新大規模地引進西方的船堅炮利，在此同時有無數的人得放棄以往的職業，重新學習新的事物。以往的武士一夕間都失業了，如何在茫茫然的新時代中找到自己的方向和謀生工具，成為很多失業武士所需要考慮的。這批人如果沒有辦法融入新時代，很容易成為時代前進的絆腳石。

出生紀州家，任職江戶市中警備的木村家，傳到明治維新時，木村安兵衛以往世襲的職位沒有了。好險安兵衛的叔父木村重義任職新政府的「授產所」。「授產所」是甚麼？簡單的說就是職業介紹和訓練所，輔導失業的武士轉職。

新的時代讓很多人失業，但危機就是轉機，同時也提供很多機會。經濟史學者東畑精一在《日本資本主義的形成者》這本書中就提到了明治維新時的下級武士成為開創日本資本主義的重要推手，他們所具備的「冒險心」和「敢行力」為日本開創了新的時代。

木村屋

從木村屋的《木村屋總本店百二十年史》記錄著：「作為日本最早的麵包店開業。」其實日本人接觸麵包比這還早，而且以東京的麵包店來說的話，還有比木村屋更早的店家，但這篇文章不是來質疑木村屋的，而是討論其在飲食文化交流中的重要地位。

木村屋的前身是「文英堂」，開在日本橋附近，雇用長崎出生的梅吉作為麵包師傅，出生長崎的梅吉，曾經跟荷蘭人學習過麵包的作法。

明治時代初期的麵包店主要在橫濱的外國人居留地，其中學習到麵包製作技巧的日本人也加入日本最早製作麵包的行列。

製作麵包很重要的一個環節就是發酵，因為橫濱在明治時代開始釀酒（請看拙文〈飲料的文化交流：麒麟啤酒與日本啤酒的誕生〉），木村屋的師傅採用啤酒酵母發酵。雖然可以發酵，但啤酒一開始在日本製造，花費相當高，取得不易。

明治七年，木村屋在銀座開店，新店鋪完成時，店主人木村英三郎（木村安兵衛的兒子）接任社長，也得到職人勝藏的幫助，開展木村屋的事業，也創造出了紅豆麵包。

飲食的文化交流

紅豆麵包是和、洋交流的文化產品，是日本人符合自己口味習慣所創造出來的新產品。怎麼說呢？

以米食為主的日本人，一開始不知道如何做麵包，他們知道麵包需要發酵，於是從傳統和菓子的酒饅頭中找到發酵的方法。

酒饅頭使用的是日本酒釀製過程中所留下的發酵種，稱為酒種，然而，酒種需要使用硬水，木村屋還到茨城的筑波山尋找適合的水。酒種發酵所花的時間較長，但是帶有特殊的香氣，這就是酒種紅豆麵包與其他麵包不同之處。

木村屋在製作麵包時，其實還是把麵包當作甜點，而非主食。從我自己的生活經驗而言，以往在台北生活的時候，經常到山崎麵包選購，後來到巴黎生活一陣子，也經常上麵包店挑選各式的麵包。我發現台灣吃麵包的習慣多少受到日本人的影響，日本人的麵包是有味道的，像是紅豆麵包；但是外國人的麵包是主

明治時期所繪洋人烤麵包的情景。收於杉浦朝治郎編，《西洋萬物圖》下冊（明治十四年〔1881〕刊，日本國立國會圖書館藏）。

食，就像我們的白米飯，沒有調味，一般沾上奶油或者醬汁加以食用。

我曾經與一些外國朋友聊過，他們也很驚訝台灣和日本的麵包裡頭竟然包有甜的餡，在國外把這都當作甜點。紅豆麵包的紅豆餡，其實是一種在和菓子中常用的餡料。江戶時代常見的甜點：柏餅、米饅頭和大福都是紅豆餡。

在文化交流的時代中，日本人雖然開始吃起麵包，但是從發酵的方法、餡料都是日本人原有的「和菓子」文化，飲食的文化交流中展現和洋的折衷。

紅豆麵包的「和菓子」傳統還可

明治時期銀座煉瓦街，木村屋的所在地。曜斉国輝，〈第一大区従京橋新橋迄煉瓦石造商家蕃昌貴賎藪沢盛景〉（日本國立國會圖書館藏）。

以從櫻花紅豆麵包看到。「和菓子」十分強調季節感，按照不同時令在菓子的樣式、配色、擺盤都隨著季節而有所差異。春天時，日本常將櫻花摘下，加上鹽或是梅醋製成醃漬品。醃漬完成後會把鹽分去除，可用以泡茶、煮湯、做成飯糰或加入菓子中。

春日除了賞櫻，也能感受櫻花的香氣和味道，櫻花除了可以看、也可以吃。木村屋的紅豆麵包將櫻花的香氣也加入了紅豆麵包，他們所使用的八重櫻是在富士山河口湖附近所收集到的櫻花，由神奈川的關口商店加以醃製。

西方來的麵包配上日本的和菓子，可以說是飲食文化上最好的結合，也能符合日本人的口味。

大為流行的紅豆麵包

木村屋的麵包在明治時期的日本大為流行，從天皇傳播到日本帝國的不同地方。由於木村家與天皇侍從山岡鐵舟的交情，得以獻上紅豆麵包給天皇。根據木村屋的《木村屋總本店百二十年史》記載，明治八年（一八七五）四月四日首次向天皇獻上櫻花紅豆麵包。

四月正好是櫻花盛開的季節，從奈良吉野山上所醃漬的八重櫻，搭配上好的紅豆餡，向天皇奉上紅豆麵包。木村屋後來得到宮內省的「御用達」，即皇室指定的御用聖品。

木村屋除了鎖定金字塔最頂端的客群，也拓展到一般民眾，開始在市街當中宣傳，明治時期除了報紙的廣告成為商業宣傳的手法外，在市街當中的鑼鼓隊（日文稱為チンドン屋，中文有時翻成東西屋）也開始流行，木村屋用鑼鼓隊在大街小巷宣傳，也推出一些廣告歌曲。

木村屋的紅豆麵包雖然採取和洋折衷，但只是為了讓日本人習慣麵包的味道，在廣告的策略上還是強調他們是西洋傳入的正宗麵包、是文明開化的味道，甚至還說是延長壽命的食物。

從當時留下的《東京流行細見記》中記載：「麵包屋的大將就是木村屋、其次是文明軒；西洋料理的大將是精養軒……」木村屋的行銷策略相當成功，明治中期的東京居民一想到麵包就聯想到木村屋。

東京宣傳與展店成功的木村屋，明治十七年由四代目的儀四郎接任，此時他們的目標是制霸全國的麵包業，剛開始從靜岡這個地方都市開始實驗，逐漸向名古屋、大阪等地開拓，全盛時期從基隆到北海道都有木村屋的店鋪。

木村屋的麵包霸業一直到二次大戰，戰後才有大型的麵包公司與其競爭，像山崎麵包，逐漸地削弱木村屋在日本的市占率。

透過紅豆麵包的歷史可以看到一個時代的轉變、一個失業武士成功的故事，也可以看到一個麵包中所蘊含著西方的麵包與日式的和菓子文化。

「日式」燒肉很「韓式」？韓國人留在日本的遺產

日式燒肉的故事，是一段人與動物之間血與肉的故事，也是一段帝國主義的故事、充滿著殖民者與被殖民者之間的微妙關係，也是日本人與其他文化交流的故事。

「日式」燒肉？

台灣大街小巷中都有販賣日式燒肉的店家，燒肉冠上「日式」，燒烤方式有別於BBQ、牛排、韓式燒肉和巴西窯烤，但它從何而來？真的很「日式」嗎？

或許我們將日式燒肉的特點歸納為幾項，包含：

◎薄薄的肉片（有別於牛排的厚度）。

◎肉片放在炭火的鐵網上。

◎自己烤來吃（有別於牛排是別人送上來）。

◎以醬油為基底的醬汁醃製生肉或是沾醬來吃（有別於牛排使用奶油）。

◎不只烤精肉、還烤內臟（有別於牛排只食用精肉）。

然而，日文漢字寫成「燒肉」的日式燒肉真的有那麼「日式」嗎？日本人甚麼時候吃起日式燒肉呢？

透過食物了解歷史，當筷子拿起來的那一刻，也同時穿越了不同的歷史與文化。一開始我們先理解日本人甚麼時候吃牛肉、豬肉和動物的內臟吧！

禁止肉食

我曾經在《和食古早味》（時報文化出版）一書中的〈日式豬排飯的誕生〉與〈和牛與鐵板燒〉兩篇文章都有提到日本人本來不吃家畜的肉。

七世紀中期天武天皇頒布〈禁止殺生肉食之詔〉之後，日本人的肉質攝取排除了家畜的雞、鴨、牛和豬，肉質主要從魚肉當中攝取。

雖然不吃家畜的肉，但偶爾會偷打一下牙祭，躲到山林野外偷偷摸摸的吃，以往日本人所說的「山奧屋」藏在山裡面，是吃野豬、野鳥、野兔、鹿肉或是狸肉的地方。

江戶時代著名的《料理物語》就有提到燒肉的作法，主要是將肉燒烤後，沾著醬油、味噌、砂糖所製成的醬料。當時的燒肉作法仍然流傳至今，像是將野鳥、山豬或是野兔的肉串燒或是放在鐵板上煎。

以往的燒肉紀錄也可以從日、韓間的交流看到，江

江戶時代的獸肉店，前方的立式招牌上寫著「山くじら」（山奧屋），店內掛著野鳥肉或鴨肉，左側則是店內食用獸肉料理的座席。

戶時代有所謂的「朝鮮燒」，根據《信使通筋覺書朝鮮人好物附之寫》，記錄朝鮮人吃燒肉的方式是：「切成薄片，以小支的竹串，刷上醬油後燒烤，再加點胡椒。」吃法與現在的日式燒肉有點類似，只是日本人有時會沾抹味噌燒烤。然而，「朝鮮燒」僅止於到日本交流的韓國人，沒有普及到一般日本人。

日本人較為普及的食用家畜的肉，還是得等到明治維新，大力推行西化的明治政府，將吃肉與文明開化畫上等號。政府有意識的推動吃肉的運動，特別是從軍隊、學校當中開始培養起，要強健日本人的體魄，先從吃肉開始。

歐美的外國人讓日本人吃肉變得光明正大，得到國家獎勵，而且還是文明開化的表現，何樂而不為呢？

一八六三年在東京開幕的西洋料理「良林亭」開始販賣西洋式的燒肉，也就是牛排，調味手法採用鹽和奶油，而不是日式燒肉慣用的醬油或是味噌。一般平民食用家畜等四隻腳的動物則是透過軍隊，明治政府的全民皆兵制，為了強化國民的體質，在軍隊中的伙食也十分強調肉類的攝取（但軍隊中吃的不是日式燒肉，而是豬排飯）。

明治政府所推動的吃肉運動主要是精肉，而不是內臟，像是牛百葉、豬肝、大腸……等動物內臟都是加以丟棄的。除了貧民或是流浪漢才會把丟棄的內臟烤來吃，一八九三年出版的《最暗黑之東京》詳細地描繪東京貧民的生活，將牛的五臟六腑用竹籤串了以後，以醬油雜煮或是燒烤。

日本人後來敢吃動物的內臟，還有一段文化交流的路要走，而且來源不在西方，是在東方。

日式燒肉從何而來？

由於日式燒肉的歷史並不長，考察其來源可以從二十世紀初的資料來看，主要有兩個來源：一個是中國；一個則是韓國。

以火直接燒烤，並且吃牛、羊、豬等肉類，包含精肉與內臟，從一九一〇年代的東京所發行的美食雜誌可以看到相關的記載。當時日本駐中國的記者講述他在北京「正陽樓」吃烤羊肉的經驗，稱之為「成吉思汗料理」，據說是成吉思汗在軍隊當中的飲食。大正、昭和年間在東京和大阪開店的成吉思汗料理則以燒烤羊肉、牛肉和豬肉為主。

日式燒肉的另外一個來源則是韓國，當成吉思汗烤肉在日本開店的同時，韓國式的プルコギ（불고기）也在日本的韓國移民當中開始營業，燒烤方式是在炭火上放置鐵網，並且將肉切成薄片，沾上醬油食用。

二十世紀初年的韓國人與日本人的交流，主要是因為日本侵略韓國的原因，當日本併吞韓國，日韓之間成為國內的交流，赴日的韓人增加，也將飲食習慣帶到日本，移民日本的韓國人主要來自全羅南、北道、慶尚南、北道和濟州道。在昭和十三年，東京約有四十家的朝鮮料理店。

昭和時期的燒肉店。

神田區的明月館是韓國的高級料理店，出入的客群大多是日本的政治人物、文藝界人士和知識分子，主要客群是日本人。但是，明月館只是個例外，外村大透過一九三〇年代的報紙，找到了一百六十家在日本營業的韓國料理店，主要客群都是韓國人。

韓國料理店中有朝鮮傳統的宮廷料理和宴席所使用的料理，但主要以燒肉店為主，赴日的韓國人流行的兩種燒肉方式，包含：プルコギ（불고기）屋，還有「カルビ食堂」（갈비살）。

有趣的點在於「カルビ食堂」是採用「酌婦」幫忙烤肉，有別於現在的自助式，當時覺得上餐廳要有個人服侍才有被服務的感覺。在大阪附近的韓國移民聚落「豬飼野」，此處的燒肉店，才有自己烤的習慣，因此日式燒肉的誕生可以說由此開始。

然而，韓國的燒肉在日本登陸，主要還是在日的韓人食用，日本人不大敢吃動物的內臟，大部分都將之捨棄，而且日本人也無法接受韓國泡菜太過嗆辣的味道。動物內臟的食用還是跟戰爭期間的食物緊縮，沒東西吃有關。而且，吃動物內臟還跟強身健體、延年益壽有關，這就牽涉到日文當中動物內臟的稱呼：「賀爾蒙」（ホルモン）。

動物內臟是滋養的賀爾蒙與長壽料理

日式燒肉所燒烤的動物內臟，在日文當中內臟稱為「賀爾蒙」（ホルモン），不少學者曾經討論詞彙的來源，有人認為是大阪腔的「丟棄」「放る（捨てる）もん」，因為內臟是以往不吃的東西，後來就成為動物內臟的代稱。

但是，也有的人認為賀爾蒙與英文的hormone有關，指的是分泌腺，後來指的是動物的臟器，為什麼日本人會選擇用賀爾蒙來代替臟器呢？

與日本的飲食傳統有關，明治時代以前，日本人吃肉是因為醫療行為或是為了滋養進補身體才食肉。因為怕別人說話（日本人總是怕別人的閒言閒語），吃肉的時候得與醫療行為畫上等號：「我吃肉是為了強身補體，不是單單純純地愛吃喔！」

二次大戰期間，由於肉類的供應緊縮，開始推廣以往不吃的動物內臟。日本紅十字會曾經組織過好幾次的賀爾蒙演講，推廣賀爾蒙料理，烹煮動物內臟的料理研習會也跟維他命等藥物一起舉辦，可以看到肉食與醫療的傳統仍然維持在日本的飲食文化中。

魚谷常吉的著作《長壽料理》大篇幅的介紹賀爾蒙料理的烹煮方法，從牛肝臟、腦髓、豬肝、腰子、鵝肝……等。這些可以補充大量脂肪與蛋白質的動物內臟成為長壽與健康料理的一部分，可以看出當時飲食的匱乏，現在很多人因為具有三高的問題，不會把內臟視為健康料理的一部分，反而視為是健康生活所要避免的食物。

透過紅十字會和學者的著作推廣賀爾蒙料理主要是因為戰爭的關係，由於糧食的短缺，特別是肉類的供給在戰爭期間的管制，政府此時大量鼓勵一般民眾食用以往不吃的內臟，在軍隊中也加以推行。

餓死與動物內臟的抉擇

戰爭期間的糧食短缺到了戰後更加嚴重，本來日本帝國的食物很大一部分倚靠殖民地韓國和台灣的供應，日本國內的男丁大部分都棄農從軍。二次世界大戰結束之後，數百萬的軍人從中國、台灣、韓國等地回國，食物的供應成為重大的問題。六百萬的日本人回到本土，其中也包含紀錄片中的「灣生」（台灣出生的日本人）。回到日本之後的那幾年，稻米歉收，導致饑荒更加嚴重。由於日本受到美軍的占領，政府也無力因應這樣的問題，所謂的「黑市」，地下管道得到的貨品在民間流通。黑市中的飲食店主要是關東煮、大阪燒和燒烤店。

日本人大量回國，而殖民時期渡日工作的韓人則回到韓國，當時在日本的韓人大約一百萬左右，以往消費動物內臟的主要是韓國人，本來不吃內臟的日本人，在沒得吃的時候也無法挑三揀四的，動物內臟成為戰後日本人很重要的蛋白質來源。

戰後的燒肉

戰後的饑荒稍稍解除後，日本人也

1945年10月新宿的黑市「新宿市場」（新宿マーケット），裡面擠滿了在攤販購物的民眾。

比較能夠接受燒烤動物內臟的飲食習慣，韓國燒肉店也走出韓國人的移民社群，成為一般日本人能夠接受的食物選擇。戰後較有名氣的燒肉店在東京是「明月館」；大阪則是「食道園」。

「食道園」的創業者是韓國人林光植（後來歸化日本，改名江崎光男），他的妻子江崎光子曾經寫過一本《漫長的旅途》回憶兩人的創業過程。

兩人的創業過程可以看到韓國人與日本人的文化交流，不僅體現在人與人之間的情感，也表現在飲食文化上。在東京開計程車的江崎

1947年2月7日，日本警視廳查獲了在大型冷藏設備中的黑市走私肉。
©朝日新聞社

光男娶了日本人之後，中日戰爭期間主要在中國的太原服役，當時負責軍隊中肉類料理的處理。

出身平壤的江崎光男戰後在平壤開日式的壽喜燒店，同時合併了冷麵店食道園。然而，由於韓戰的爆發，北韓政權成立，妻子是日本人的身分使得江崎光男的身分受到懷疑，以為是日本人派來的間諜（在北韓這可是死罪啊！），他因此決定到妻子的故鄉大阪開設燒肉店和冷麵店。

當日本經濟逐漸復甦後，開始出現專門販賣內臟的燒肉店，也有專賣精肉的燒肉店，或是兩者混合的現象。燒肉主要在「朝鮮料理」或「韓國料理」店當中販賣。

燒肉店和韓國料理店在一九六〇年代後逐漸分家，主要的原因是日本人對於韓國料理印象的改變，本來將「燒肉店」等同於「韓國料理」，但是後來發現韓國人不只吃燒肉，還吃很多東西，就把販賣燒肉店的店家獨立出來。

燒肉店在日本快速成長，到一九九〇年左右，東京和大阪的燒肉店都超過一千五百家，這與日本在戰後消費肉類的情況相符合，一九五五年代每人每年平均約吃三公斤的肉，一九六五年快速增加到九公斤、一九八〇年則超過二十公斤。

如果說西方人開啟了日本人吃肉的習慣，那麼韓國人在二次世界大戰之後的貢獻則是讓肉食在日本更加普遍。日本人殖民韓國，傷害了韓國的歷史記憶與民族情感。那麼，燒肉則是韓國人對於日本人的影響，而且透過燒肉的飲食習慣，在日本最為困頓的時候，提供動物的蛋白質，養活了不少日本人，可謂是「以德報怨」的食物。

相較於美國牛排的烹煮法，日本人的烹煮方式沒有甚麼血水，日本人不大喜歡半熟或是太過血腥的吃法，而且日本人把牛肉切得小小的，在燒烤的盤子上烤熟了以後，再沾上醬油配著飯吃，和西方人純粹的食肉方式不同，或許「味覺」的傳統並不是那麼容易改變的吧！

日本人從不吃家畜的肉，想吃肉打牙祭的時候還得躲到山上偷偷摸摸的吃，西方文化、中國文化、韓國文化進來之後，日本不僅開始吃肉，也吃動物的內臟。然而，透過燒肉在日本發展的過程與歷史，我們可以看到日本帝國的壯大與衰落、看到日、韓之間人群的移動、看到飲食文化的交流與傳播。二十世紀末期又外銷到了其他地方，也才有在台灣出現的日式燒肉。

在拿起筷子的那一刻，看到了自己、也看到了別的文化。

獨立領袖的家鄉味：印度咖哩、日式咖哩與亞細亞主義

反帝國主義的中心：東京

一百一十一年前的日俄戰爭，亞洲的小國日本在對馬海峽擊敗俄國，從日本、印度、土耳其、越南到埃及，甚至整個歐洲和美洲都為之震動，歐洲人不看在眼裡的亞洲人竟然戰勝了！美國的老羅斯福和印度後來的獨立領袖甘地都大感驚訝，將之視為世界史上的重要事件，他們說：

「世界史上最重大的現象。」老羅斯福說。

「日本戰勝的根已蔓生得太廣太遠，因為它會長出的那些果實，如今已無法完全遇見。」甘地說。

孫文在同一個時間從倫敦前往亞洲的路上，化名中山樵，蘇伊士運河的阿拉伯搬運工以為他是日本人，也向他恭喜。

《從帝國的廢墟中崛起》一開頭就討論日俄戰爭的意義不僅在於日本打敗俄國那麼簡單！從世界史的意義來說，它是被殖民人群的一道曙光、是亞洲人民走向未來的啟示、是反抗歐洲帝國主義的可能性。

日俄戰爭後，東京取代了巴黎、倫敦，成為亞洲知識分子嚮往的留學之都，中國的魯迅、周作人、梁啟超、孫中山等不同政治理想的年輕知識分子都齊聚東京。

東京取代了北京，成為亞洲世界的中心，也是反西方殖民主義的根據地。

出身印度的革命領袖拉什·貝哈里·博斯（Rash Behari Bose）反對英國的殖民統治，支持印度獨立、希望亞洲人民站起來。但是博斯的故事不只於此，他也促進了飲食文化的交流將印度咖哩帶入日本，促進了亞洲飲食文化的交流。

印度出身

博斯出生於印度班加羅爾的殷實家庭，年輕時在法國和德國得到醫學和工程的學位。然而，他像孫中山一樣，熱情地參與國家與民族的復興。中華民國誕生的同一年，一九一二年十月的槍聲和爆炸聲讓滿清政府垮台，而十二月底在印度，英國的殖民政府，將首都從以往蒙兀兒王國的舊都遷到新德里的儀式上，也發生了爆炸事件，總督哈汀（Charles Hardinge）負傷，典禮因為爆炸事件而讓英國政府蒙羞，馬上開始緝凶。

爆炸的主謀就是博斯，在英國的

博斯（右）於1930年11月16日在東京與頭山滿（左）、印度獨立運動領袖之一的普拉塔坡（Mahēndra Pratap，中）合影。
©共同通信社

追捕下，選擇棄國離鄉，前往反帝國主義的中心：東京。博斯從德里出港，經過香港，最後在神戶上岸，得到很多支持印度獨立的友人幫忙，像是大川周明、頭山滿，也在日本結識了孫中山。孫中山積極的幫助博斯，讓他可以購買軍火，並且從上海運往印度，然而英國政府聽聞了風聲，查獲了軍火，也得知博斯在日本藏匿，向日本政府施壓。

日本政府雖然同意英國要追查博斯，但卻按兵不動，似乎把他當成一顆活棋，可以和英國政府談判。透過孫文和他的心腹廖仲愷的牽線，讓事情有了轉機，《朝日新聞》的記者山中峯太郎秘密的採訪博斯，並在報紙上刊出〈歐戰與印度〉，文章一出，日本民眾大為支持印度的處境，希望他們能夠脫離英國暴虐的殖民統治。

然而，此時正處一次世界大戰期間，英國和日本是同盟，所以日本政府也不便公開支持博斯。而且，山中峯太郎的文章一出之後，更讓英國政府提出嚴厲的外交抗議，希望日本要求博斯離境。在英國的壓力下，日本限博斯五日離境，命令一出，輿論譁然，《朝日新聞》嚴厲批評政府在西方帝國主義的壓力下，讓印度三億人民的情感受到傷害。

幸好日本的右翼組織「玄洋社」的領袖頭山滿出面幫助博斯，頭山滿是日本近代的傳奇人物，也是黑幫組織的共主，支持亞洲人民與帝國主義對抗，對於中國革命採同情的立場，並在人力和財力上支持孫中山。

隱匿中村屋與印度咖哩的誕生

頭山滿的好友，在新宿賣西點麵包的中村屋老闆相馬愛藏和相馬黑光夫妻檔，對於日本政府將博斯逐出日本的舉動也無法諒解，主動提供藏匿之處給博斯。由於相馬夫妻和頭山滿之間過從甚密，警察也監視他們的一舉一動，相馬夫妻的女兒俊子就負責滿足博斯的生活起居。

俊子從小在父母的栽培下，不僅會讀會寫，還學會了英文，能與博斯溝通。孤獨的印度流亡領袖，平日只能和俊子抒發心中的苦悶，兩人日久生情，在頭山滿的見證下完婚。

創設中村屋的相馬愛藏。
©共同通信社

博斯和俊子結婚之後，為了報答相馬夫妻，給了他們純正印度咖哩的秘方。中村屋的純正印度式咖哩推出之後，在市場頗受到歡迎，而且廣告上說是「印度貴族的純正咖哩」，不走平民美食的路線，一盤當時賣八十錢，相較於當時一盤十錢到十二錢的咖哩飯，足足貴了八倍，鎖定金字塔頂端的客群。

博斯後來被稱為「中村屋的博斯」，和太太俊子生有一兒一女，歸化成日本人，俊子年紀輕輕就離開人世，博斯則是繼續他的獨立運動。

印度咖哩之所以在昭和時期獲得東京人的歡迎，並且願意花大錢來吃，主要是因為「日式咖哩」已經在明治晚期、大正時代傳播開來，當時的人都知道咖哩飯是甚麼東西。至於咖哩飯如何在日本傳播開來的呢？如何變成「日式咖哩」呢？讓我們從昭和時代回到明治時代早期，看看日本人的咖哩初體驗。

日本人的咖哩初體驗

如果到過日本的人，一定很熟悉一萬塊錢上的大頭像，他是重要的思想家福澤諭吉，其所形塑的「脫亞入歐」論為明治維新奠下重要的文化基礎。日本人對於咖哩最初的記載也可以追溯到福澤諭吉。

在福澤諭吉所注解的《增訂華英通語》有著日本對咖哩最早的記載。福澤諭吉本人應該是沒吃過咖哩，比較詳盡的咖哩體驗紀錄是來自山川健次郎（一八五四—一九三一）的日記。山川健次郎何許人也？

他是日本最初的物理學者，擔任過東京帝國大學和京都帝國大學的總長。出身東北會津藩的山川健次郎，入選為公費留學生，到美國留學。

明治政府選派東北的留學生赴美主要是為了北海道的開拓，因為東北與北海道的氣候類似，赴美留學的原因在於美國當時開拓西部，對於北海道的開荒有參考的價值。

山川健次郎的日記中除了有認真求學的紀錄，也將沿途的奇風異俗寫下來，對於咖哩的評價是帶有「奇怪臭味」的醬汁。

然而，有著臭味的咖哩，當政府開始提倡吃肉、吃西洋料理時，西洋等同於文明開化，日本人就漸漸習慣這種臭味。本來源於印度的咖哩，透過英國人的傳播，從印度紅回英國，不管是上層階級或是平民，都十分喜愛印度的咖哩。

日本人一開始接觸咖哩，把它當成西洋料理，從夏目漱石的留英日記或是明治時代的報紙當中都可以發現，咖哩不被當成印度料理，而是文明開化的西洋料理。

三種神器與配菜

被視為西洋料理的咖哩，一開始在日本上陸先在通商口岸橫濱，當時只有少數的餐廳賣這種具有奇怪臭味的醬汁，配上日本人本來不吃的家畜肉。

咖哩飯的食用在日本大規模的成長主要跟北海道的開拓有關。北海道的農業開拓並不是以日本本土的農業為藍本，而是以美國的農業技術為目標。出生美國的克拉克博士被日本政府高薪聘請至札幌農學校（後來的北海道大學）擔任校長。

札幌農學校的學生食堂中，咖哩飯就是其中一項常吃的食物。由於北海道的天氣和日本本州差異很大，札幌農學校一項很重要的工作就是在此移植合適的蔬菜，引進西洋的野菜。

引進的野菜中，對於日式咖哩誕生最重要的三種是：洋蔥、胡蘿蔔和馬鈴薯。洋蔥雖然在江戶時代就引進，但是大規模的種植還是得等到北海道的開拓。札幌農學校於明治四年（一八七一）引進美國的洋蔥以配合北海道寒冷的天氣。

同樣也是江戶時代傳入的馬鈴薯，在日本的生產量並不高。日本本土主要以米食為主，搭配蕎麥麵和烏龍麵等麵食和雜穀。適合寒冷地方種植的馬鈴薯在江戶時代末期引進北海道，並且成為北海道主要的糧食作物之一。

馬鈴薯隨著西洋料理引進日本，產量逐漸增加，到大正時代初年（二十世紀早期），就已經超過一百八十萬噸。大正八年（一九一九）的米價高漲，政府也加強推廣馬鈴薯，日式咖哩飯中的馬鈴薯就是在這一個時代脈絡下逐漸滲入日本民間。

至於胡蘿蔔，本來日本人所食用的蘿蔔是從中國傳進的白蘿蔔，為了適應北海道的天氣，在明治時代大量種植西洋的紅蘿蔔，現在日本的紅蘿蔔產量也以北海道最高，占全國的三成以上。

日式咖哩與印度咖哩最大的不同就在這三種配菜，日本人稱作咖哩的「三種神器」，是別的地方看不到的煮法。日式咖哩加入三種配菜的原因在於推廣三種新引進的食物，使日本人熟悉他們。

除了三種配菜之外，日式咖哩還有一項很重要的特色在於配菜：福神漬，也就是吃飯的醬菜。日本人吃飯一定要配醬菜，為了使咖哩飯吃起來像是一餐飯，日本人也加了這種熟悉的配菜。

日本人不僅把咖哩與醬菜一起配，也把常吃的食物加進咖哩，明治時代出現牡蠣咖哩、野菜咖哩和咖哩麵，將原有的食物都加入咖哩，以增加對於咖哩的熟悉感。

明治維新不僅是技術上的革新、觀念上的改變，也是味覺上的新體驗，這個時代的人每天得了解、體驗不同的事物。飲食的文化交流循序漸進，為了熟悉咖哩的味道，日本人在其中加了一些熟悉的東西，讓咖哩不再那麼陌生。

速食咖哩

明治維新也促成了食品工業的發展，將咖哩做成咖哩粉，變成速食咖哩，讓咖哩得以進入一般民眾的飯桌。

明治三十九年（一九〇六），東京的一貫堂就製造出了日本的速食咖哩，當時的廣告宣傳：

本咖哩粉採用極上生肉製成，無須擔心腐敗的問題，由熟練的大廚精心製造，味美且芳香，適合旅行攜帶……

一貫堂的咖哩用熱水沖泡即食，使得咖哩得以大眾化。從明治晚期作家的隨筆和日記中就可以看到咖哩飯已經成為當時一般人餐桌上常見的食物，像是出生東京淺草的澤村貞子或是俳句詩人正岡子規的記錄。

從明治晚期到大正初期，所謂的「三大洋食」：豬排飯、可樂餅和咖哩飯在日本的大城市中逐漸成為城市一般民眾的美食。

咖哩飯在日本不同地方也有所差異，一般而言，關東人較喜歡豬肉咖哩、而關西人則喜歡牛肉咖哩，會造成關西、關東肉類食用差異的原因或許是因為關西人控制了主要的牛肉產地。

阪急百貨店與咖哩

關西咖哩飯的普及和阪急百貨的展店有著密切的關係。阪急百貨的創辦人小林一三出身山梨縣的豪商，在創辦阪急百貨前做了各式各樣不同的生意，他抓準了時代的脈動與社會的變化，隨著大阪城區的大規模擴張、阪急鐵道的鋪設，阪急百貨店也隨著在大阪、神戶各地開設。

現在台灣的百貨大部分都設有美食街，都是沿襲日式百貨的設計。在昭和四年（一九二九）開業的阪急百貨，是日本第一間，也是世界第一間ターミナルデパート（Terminal department store）的出現。

為了迎接來百貨店購物和通勤的人潮，阪急百貨不斷地擴充百貨店的商場和美食街，其中主要以洋食為主，昭和時期的日本人對於西洋的食物已經逐漸熟悉，但有些餐廳還是消費不起，阪急百貨和飼養牛隻的農家訂定契約，取得廉價的牛肉，壓低咖哩飯的售價，讓一般人搭乘火車和到百貨公司逛街的民眾也能消費得起，當時一天可以賣出一萬三千盤，大受歡迎，這也影響到關西民眾對於咖哩飯的接受，他們一開始吃的就是咖哩牛。

軍隊中的咖哩飯

相較於洋食餐廳主要是在大城市裡，使得咖哩飯普及的原因還在於軍隊的推廣。最近朝日電視台的日劇《天皇的御廚》，描繪大正、昭和天皇的御廚秋山德藏的精采人生故事。

出生日本東北鄉下的秋山德藏，無法進出城市中的洋食餐廳，也不知道甚麼是咖哩飯，唯一有機會接觸到咖哩飯的機會就是在軍隊之中。

日本人學習西方文化不只是表面的層次，連外國人吃甚麼也一起學。明治維新確認了以英國的海軍作為日本帝國海軍的編制，英國海軍吃咖哩，日本人也一起學。從一九一〇年所出版的《軍隊料理法》所羅列的一百四十六道食譜裡，可以看到豬排飯、咖哩飯、馬鈴薯燉菜、牛肉丸等這些日本人以往不吃的肉類食物烹煮方法。

對於大多數的士兵而言，從軍之後的飲食是他們人生的初體驗，也是洋食、咖哩飯和豬排飯的第一次嘗試。當時日本每人每年的牛肉消費量才一公斤左右，但是服役的士兵一年可以吃到十三公斤。

而且，服役的士兵可以吃到以往不容易吃到的白米飯，對他們而言，咖哩飯、洋食可以讓他們吃得飽，飲食文化的和、洋交流也比較容易展開。

日式咖哩vs.印度咖哩

從明治到大正時期，日本人對於咖哩從討厭到接受，不僅單純的接受，也改變、轉化咖哩的味道，變成印度、英國都吃不到的「日式咖哩」。

由於日式咖哩一開始是從英國進入日本，再加上北海道的開拓，移植美國的三種神器（馬鈴薯、胡蘿蔔和洋蔥）進入日本的咖哩飯。日式咖哩還增加了小麥粉的量，變得糊糊的。加入了醬菜且使用日本人口味上習慣的黏性米。雖然日本人改造了咖哩飯，將他「和食」化，但是他們還是將咖哩飯視為西洋的食物，是文明開化國家所傳播進來的食物。

吃咖哩飯與福澤諭吉所說的「脫亞入歐」不謀而合，是進步且文明的象徵，是日本國民為了學習西方的文化而改變自身飲食習慣的結果。然而，當日本人富強起來後，從明治到昭和時期，對於西方文化就有不同的檢討聲浪了。

昭和時代日本已經不像明治時代那樣衰弱，建立起自己的民族自信心，成為世界的強權，「西洋」的東西就等於「文明」或是「好的」這種想法逐漸受到質疑。相對的，同樣是亞洲的印度人民，反而受到日本人的好感。

之前提到博斯在日本之所以能夠藏匿，是因為《朝日新聞》的文章，引起日本民眾的同情。其實在這一個時期，日本民眾普遍有一種亞洲人同在一起的情感與意識。所謂的「亞細亞主義」並不像存在主義、自由主義或是共產主義的思潮和政治行動。「亞細亞主義」是一種情感、是亞洲人彼此相連的情緒，也有共通的歷史基盤，是在西方帝國主義壓迫下，一起反抗殖民主義的共同命運。

中村屋推出印度咖哩恰好與昭和年間的亞細亞主義氣氛相結合，加上使用高級的白米飯和雞肉，在市場上打開知名度。江戶時代最美味的米稱為「白目米」，在埼玉縣種植，引進高級的米和「純正的印度咖哩」搭配。而且，一般印度咖哩所使用的雞肉，中村屋則是在山梨縣買下土地作為飼養土雞的場所，讓吃「印度咖哩」不僅是平民美食，而成為高級料理的代名詞。

目前仍在新宿營業的中村屋，還賣著博斯所留下的印度咖哩，但是時移事往，價格已經與一般的日式咖哩差不多，多少是因為支持印度咖哩的「亞細亞主義」已經不在了。

從食物可以看到一段歷史、一段亞洲人民共同反抗帝國主義的記憶，食物的歷史不只是食物本身而已，還有社會、文化賦予的想法、概念，都會使食物在社會的流傳產生不同的結果。

麻婆豆腐跨海飄香：陳建民與四川料理在日本

料理鐵人

如果問日本人中華料理，他們都會提到川菜的麻婆豆腐，但是四川料理其實是二次戰後才進入日本的菜系，相較廣東料理的點心、上海料理的東坡肉、小籠包等名菜的傳入是十分晚近的事。

川菜在日本享有名氣來自陳建民父子的努力。陳建一繼承了父親陳建民的「四川飯店」，由於富士電視台《料理鐵人》的節目在日本的收視率相當好，從一九九三年到一九九九年陳建一在節目中的戰績是六十三勝十七敗二平。連續幾年在節目中表演，沒有扎實的功夫是無法勝任的，而這些手藝也是來自他的父親。

本來不大吃辣的日本人因為一個廚藝精湛的廚師聽了算命先生的話，東渡日本，在異地努力的打拚，而且遇到貴人，加上電視的吹捧，將麻婆豆腐從四川的大街小巷傳進了日本的家庭裡，其中還有異國婚姻、大時代的分離、情感和認同的糾葛，讓我們從料理鐵人的父親：陳建民的旅程開始看起。

陳建民的旅程

陳建民於民國八年出生於四川的富順，是十個兄弟姊妹中的么兒，本來家境富裕，但三歲時父親就往生。喪失一家之主的陳家也家道中落，家族中的兄弟姊妹四散各地，仍是幼兒的建民也得下田工作，八歲時還得從事搬運煤炭的工作換取飽餐的機會。

十歲的時候，因為伯父不忍年紀尚小的建民就得背負如此的重擔，將他帶到宜賓。宜賓是四川的大城，長江的船運發達，來來往往的人多，機會也比較多。從宜賓開始，建民開始了他人生長長的旅程，輾轉各地。

宜賓的生活雖然不用搬運煤炭，但也得自己賺取生活費，陳建民在當地的「海清園」和「京川飯店」分別打雜過，也是他接觸餐飲業的開始。「京川飯店」的規模較大，有十多位廚師，各有專長，他在此學到了不少的刀工和手藝，為後來的廚藝立下了基礎。然而，由於太平洋戰爭，建民得離開宜賓。

賣鴉片的勾當

在十四歲那年，日本侵略中國，雖然日本人沒有進入四川，但是宜賓也成為轟炸的目標，讓京川飯店的生意無法好好做下去，而且此時國民黨正在招募軍隊，找上了陳建民，對於軍隊和戰爭天生有一股厭惡感的陳建民拒絕從軍。為了躲避徵兵，在民國二十八年逃往雲南。

京川飯店的工作讓他積攢了一些錢，買了一些紙菸和鹽前往雲南做生意，同時在二十歲那年透過別人的介紹下成婚了，並且生下了一個女兒。新婚生活沒多久，陳建民想做點生意賺更多的錢，開始鋌而走險。

此時在雲南和四川山區最好賺的就是鴉片生意，雖然已經到了民國三十年，但是吸食鴉片的人還是相當多，而四川的大涼山適合種植鴉片，陳建民拿了一些錢在山區待了幾年，打算靠賣鴉片維生。他聽說重慶的鴉片價錢較高，但當他帶著成品準備到重慶兜售時，發現沿路張燈結彩，慶祝對日戰爭的結束。然而，到重慶賣鴉片的消息被客棧走漏，有警察上門前來，來不及帶走貨物就從窗口逃走。

浪跡天涯

賣鴉片不成，陳建民也沒有臉面回去家中看望妻子和小孩，二十七歲重拾舊業當起廚師。從重慶沿著長江下到了武漢、南京到上海，在不同的餐館當廚師，本來想在上海安定下來，但是民國三十六年國民黨和共產黨之間的內戰開始，貨幣也產生波動，通貨膨脹非常嚴重，本來當廚師一個月拿到兩百萬，下個月變三百萬，最後薪水雖然到一億元，但也只能買得起十四公斤的白米而已。

對於中國的局勢感到不安，陳建民在友人的介紹下，前往台灣尋求發展。陳建民覺得如果能在台灣推廣四川料理的話也不錯，當時台灣料理主要以福建料理為基底，沒有太多川菜的餐廳。民國三十六年，陳建民從上海搭船到台灣，先在衡陽街的龍鄉川菜館工作，三個月後到南部的「凱歌歸」當廚師，隔年又轉往香港。

在各地間輾轉工作的陳建民，換工作的理由不一而足，或許是餐廳內部的問題；或許是朋友引薦到其他地方高就；或許是時局不穩想離開，但不同的地方除了讓他長了見識以外，也知道各地不同的食材和料理。本來只熟悉四川料理的陳建民，由於川菜對於海鮮的處理並不是很擅長，到了台灣和香港之後也見識到當地的料理，開始處理以海鮮為主的菜系。

到了香港之後陳建民安頓了幾年，在「新寧招待所」擔任四川料理的大廚，當時招待所內有八名大廚，分別專精不同的菜系。然而，雖然有了穩當的薪水，但是走過中國那麼多地方，陳建民此時不想再受雇於別人，和八個同樣來自四川的朋友成立了友利公司，在香港賣起川菜，自己當起老闆，股東間和陳建民關係最深的就是黃昌泉，之後我們還會看到他們的故事。

陳建民在香港的川菜餐廳生意相當好，有了一番成績之後，當時在朋友的介紹下，陳建民又完成了人生第二次的終身大事，和何靜珠再婚，並且生下了一男。然而，川菜餐廳的股東間因為賭博產生的問題而發生了不睦，彼此間產生了裂痕，讓陳建民和黃昌泉萌生退意，打算再到其他地方尋找出路。

算命先生的鐵口直斷

陳建民回憶說他年輕時有種流浪癖，只要環境不如己意，就想出走，他想到了日本的友人陳海倫，便想到日本闖一闖。但是，到國外人生地不熟的，他也猶豫了一番，加上當時觀光簽證並不好申請，於是他找了算命先生阮立仁諮詢，他戴著厚片眼鏡，用著深邃的眼睛看著陳建民的面相，問他說：「近來你的心漂浮不定，是不是想離開香港。」

陳建民一驚，想說阮立仁怎麼能看透一切，將他遇到的問題和盤托出。阮立仁說：「東方吉。」又一驚，陳建民想說算命先生怎麼知道他想到日本，便和他說起簽證不好申請該怎麼辦。阮立仁說：「八月十五」將簽證的資料送進領事館，此行就沒問題。接著又剖析陳建民一生的命運，指出他在日本將成為家喻戶曉的人物，並且遇到很多貴人，也會遇到財務和健康上的問題。從陳建民的回憶中，這些事情後來都一一應驗了。

果然，八月十五日送進去的簽證，讓陳建民得到前往日本的許可。然而，踏上旅途則是一九五二年的七月，和他的朋友黃昌泉一起搭船從橫濱上岸，在日本歡迎他的是四川同鄉陳海倫，也是他在日本唯一的朋友。陳海倫二次大戰前在上海的高級俱樂部擔任服務員，認識了不少日本政府的高層和中國的官員。

貴人的出現

陳建民帶了甚麼東西到日本？自己的炒鍋和菜刀，還有兩桌分的餐盤，以往他在中國旅行的時候不會帶著這些東西，但是第一次到日本時，把這些賺錢的工具帶上了，想說沒錢可用時至少還可以到廚房煮中國菜，而這些賺錢的工具也讓他遇到了貴人。

由於持觀光簽證所以無法正式的工作，然而就如同算命的阮立仁所言，他遇到了貴人。陳海倫的家裡時常有達官顯要到訪，需要招待客人，她請陳建民上一桌拿手的料理招待貴客。當晚出席的外務省次官奧村勝藏曾經在上海待過，對中國菜相當熟悉，也非常的挑剔。宴席過後，相當滿意，要求見當晚的大廚。陳海倫引薦陳建民，並且說他持觀光簽證，無法工作，需要透過外務省的幫忙才能留在日本。

由於奧村的幫忙，陳建民和黃昌泉得以留在日本。奧村在日本政界相當有影響力，與有力人士會面時，都會需要辦一桌私人的宴席。陳建民和黃昌泉就成為奧村款待客人的秘密武器。陳海倫在「東文基園」的大房子中舉辦宴會，其中有八間大房間，也有跳舞的舞池。當時上班族的薪水約略一萬日圓上下，但是在這裡的宴席一桌就將近五萬日圓，是只有達官顯要才能進來的會員制俱樂部。

命運中的相會

陳建民和黃昌泉也住在「東文基園」的客房中，由於他們兩個不會日文，透過介紹找到了一個會中文的日本人關口洋子來當翻譯，也兼採買食材和當廚房的助手。二十二歲的洋子，建民記得第一次看到這個女孩時，覺得她瘦瘦小小的，並不是個美人，但卻有著爽朗的性格，也很喜歡料理。

從廚房隨侍在側的助手到市場的採買，建民與洋子朝夕相處，對她日益有好感，每天跟她說：「我們結婚好不好！」洋子以為是開玩笑並不在意，有一天建民認真跟她說：「我在香港有老婆和兒子，每個月的薪水要給他們一半，但我還是想跟妳結婚。」

洋子聽到這樣的求婚先是一驚，但對於身旁這位大廚也感到傾心，所以也就答應了他的求婚。雖然建民在四川和香港都結過婚，但是都沒有註冊，所以戶籍上洋子還是他的第一任太太。

新婚後的建民和洋子離開「東文基園」，自己在西麻布附近另闢小天地。一九五四年女兒高子出生，兩年後建一出生。在接下來的幾年間，由於薪水的問題，或是和別人處不來，工作總是換來換去。作為一個廚師，他只想把自己的料理呈現給顧客，厭倦受雇於人，於是萌生自己開店的夢想。

四川飯店的誕生

一九五八年讓建民夢想實現的機會來了，新橋附近的田村町有間台灣人經營的洋食屋，由於生意經營不好，建民打算將它改成川菜的餐廳，當時只拿得出四分之一的錢，但和店主說好將負責全部的料理和經營。

由於這間店鄰近東京政府單位的集中地霞之關，相當多的公務員中午會到附近用餐，建民思考自己的經營策略，他堅持使用「四川飯店」，想要在日本成為賣四川料理的第一人。然而，日本人雖然知道中國料理，但對於四川菜並不熟悉。

二次世界大戰，日本侵略中國，戰後也同時帶回一些中國料理，而且開始吃以往比較不吃的豬肉和拉麵。但是，日軍遇到四川的崇山峻嶺也沒有辦法，蔣介石軍隊固守在當地，讓日軍無法品嘗四川料理，即使到戰後，日本人對於川菜還是沒有甚麼接觸，要怎麼讓日本人接受川菜，成為陳建民煩惱的問題。

由於場所的關係，很多上班族中午不會叫一桌菜，頂多吃個日本的「定食」，而陳建民將四川飯店的菜色也做成定食，菜單不要太複雜，頂多十種菜，配上日本人常吃的醬菜，再配上一碗湯。

後來他又想到，如果常來的客人，十種菜色對他們而言太少了，所以要每個月更換菜單。但是，在這些菜色當中唯一不變的就是麻婆豆腐，而這也是四川飯店的招牌。

豆腐是日本人的家常菜，平常放在味噌湯中或是吃湯豆腐時沾點醬油，作法和麻婆豆腐完全不同。來店的客人當時以為是熟悉的豆腐味道，但上菜之後聞到香噴噴的味道，加上麻婆豆腐十分下飯，讓這道菜成為四川飯店的招牌。

新橋的店成功之後，建民在一九六〇年有了展店的打算，第二間店開在六本木，並且成立「建昌企業六本木四川飯店」，「建」就是建民的「建」；「昌」則是一路上和他攜手的夥伴黃昌泉，六本木的四川飯店也大為成功，讓建民在日本的事業站穩了腳步。但建民的好運不只如此，他將成為日本家喻戶曉的大廚。

「今日的料理」

NHK的節目《今日的料理》一九五七年開播，有相當多的觀眾。由於一九六四年東京舉辦奧運，這個節目除了日本料理外，也介紹很多外國的料理，讓觀眾熟悉即將來訪的很多外國觀光客，看看他們的文化、他們吃甚麼。

東京奧運前是日本戰後經濟景氣最好的一段期間，本來貧窮的日本經過十幾年的期間脫胎換骨，GDP成為全世界前三名，生活較為富裕的一般民眾也開始買大量的家電，當時有超過兩千萬的家庭中具有電視的配備。

六本木四川飯店的開設，讓大家注意到這位從中國來的廚師，加上建民的店就在NHK附近，很多節目製作人都到此用餐，讓大家注意到川菜，並且於一九六一年開始邀請他上節目，當時的節目將料理分為和式、洋式和中式，中式料理由陳建民上菜。

由於陳建民的旅行經驗，所以除了四川菜，他也熟悉其他的菜色，可以滿足節目料理多樣化的需求，而且建民的口音搭配他的表演，形成一股特殊的魅力。由於《今日的料理》主要是家庭主婦收看，他也會考慮一些容易取得的食材，讓主婦們可以學著做。

為了日本人而生的麻婆豆腐

麻婆豆腐這道建民最為人所熟知的菜色，其中的原料蠶豆不是日本容易取得的食材，建民如何在日本做麻婆豆腐呢？如果熟知麻婆豆腐的人會知道，正宗的麻婆

陳建民與陳建一父子。戴著廚師帽、身著廚師服的陳氏父子形象，透過電視節目深植人心，也讓陳氏父子在日本主婦心中和中式料理劃上等號。

豆腐強調麻、辣、鮮、香等風味，豆腐表面撒上的花椒還有調味的豆瓣醬和甜麵醬都是麻婆豆腐的重點，但是人在日本的陳建民卻沒有這些原料，他是如何克服的呢？

豆瓣醬需要透過蠶豆和生辣椒加鹽發酵三到五年才可以完成，加上日本的氣溫又比四川還低，發酵的時間不同。而且日本的生辣椒比起四川的還辣，製作豆瓣醬時需要用手將之擊碎，第一次試做豆瓣醬的陳建民不僅手痛，還眼睛痛。他因而體會到在日本要完全複製四川的豆瓣醬不大可能，後來在太太的建議下，陳建民開始思考甚麼樣的麻婆豆腐才適合日本人。

「料理是因為人才存在的」

日本人喜歡較甜的食物，調味必須有所調整，後來他找到了八丁味噌代替麻婆豆腐的甜麵醬，並且調整到日本人可以接受的口味。不只麻婆豆腐，四川知名的菜色回鍋肉所需的蒜苗，陳建民也用日本較容易買到的高麗菜代替。由於日本人無法接受正宗川菜的辣度，所以陳建民在辣味減了兩三成，而四川知名的擔擔麵本來是乾麵，但日本人習慣湯麵（拉麵的飲食習慣），所以將擔擔麵加了湯，以符合當地的飲食習慣。

陳建民所調整的口味和食材都是為了讓川菜更容易走進日本人的家庭。「我的料理和正宗的川菜有點不同，但不是假的。」他還說：「料理是因為人才存在的。」在日本就得做出讓日本人接受的川菜。

「沒有愛的料理是不行的！」

要讓人接受自己的料理是需要花心思的，陳建民認為自己的料理是花腦子想出來的。但是做菜不只需要頭腦，還要有靈魂。如果問陳建民他的料理精髓何在，用一句話加以總結，他會說：「料理就是愛情。沒有愛的料理是不行的！」愛的料理背後的人物就是洋子，總在建民的身邊，不管是廚房、飯店的管理，或是建民上節目，建民的成功就是建立在兩人愛的基礎上，而且在這個家庭生長的孩子陳建一，繼承了建民的手藝，後來同樣在螢光幕前大展身手，透過《料理鐵人》的節目繼續讓川菜在日本為人所熟知。

中國的認同與歸化日本

一生喜愛流浪的建民，在日本總算定居下來，建立了家庭，並且在事業上發光發熱。四川飯店在日本全國展店，並且開設「惠比壽中國料理學院」培養中式料理的人才，雖然在日本獲得如此的成就，但建民始終認為中國才是他的家，但這個「中國」不是中華人民共和國，而是中華民國。他在日本取得永久的居留權，但始終不肯歸化成日本人。

或許是對於文化大革命的厭惡，建民在回憶錄中提到由於文革的關係，中國料理的廚師和文化已經難以生存，成為批鬥的對象，所以優秀的廚師和中華飲食文化都留在日本了。

當日本和中華人民共和國建交之後，建民還是不放棄中華民國國籍，所以當同樣出生四川的鄧小平於一九七八年訪日，當時鄧是國務院副總理，日方款待的大廚就是陳建民，由中華民國的大廚款待中華人民共和國的副總理還成為媒體大肆報導的焦點。

或許是離家太久了，建民六十幾歲時想要回到故里，看看故鄉的變化，但是中華民國的護照無法進入中國，在一九八三年決定歸化成日本人，改名東建民，帶著洋子和兒子建一返回故鄉。故鄉的情景讓陳建民相當激動，而且由於發展停滯的關係，和他離開時的景色沒有差太多，但是其中的人事已非。無法知道陳建民回故里之後的感想，但他到往生前也只回到故鄉一次。從一九五三年到日本，一九九〇年七十一歲離世，他鄉亦故鄉了吧！

川菜繼續在東瀛飄香

陳建民在一九八七年獲得「現代名匠」的頭銜，評選傳統工藝和飲食文化上的職人，陳建一也在二〇〇八年獲得這樣的榮耀，而建一的兒子陳建太郎也追隨父祖的腳步，繼續在東瀛傳播川菜，訓練出日本的中國料理人才。

麻婆豆腐的流浪生涯，背後是個人的家庭與生命史，也是飲食文化的歷史。拿起筷子的那一刻，不只感受到麻辣辛香，也體會到其中的情感與記憶。

參考書目

Emiko Ohnuki-Tierney, *Rice as Self: Japanese Identities through Time*. Princeton: Princeton University, 1994.

Katarzyna J. Cwiertka, *Modern Japanese Cuisine: Food, Power and National Identity*. London: Reaktion Books, 2006.

大山真人，《銀座木村屋あんパン物語》，東京：平凡社，二〇〇一。

小菅桂子，《カレーライスの誕生》，東京：講談社，二〇一三。

中島岳志，《中村屋のボース―インド独立運動と近代日本のアジア主義》，東京：白水社，二〇〇五。

日本のパン四百年史刊行会，《日本のパン四百年史》，東京：日本のパン四百年史刊行会，一九五六。

木村屋総本店，《木村屋総本店百二十年史》，東京：木村屋総本店，一九八九。

吉永みち子，《麻婆豆腐の女房―「赤坂四川飯店」物語》，東京：光文社，二〇〇三。

宇佐美承，《新宿中村屋相馬黑光》，東京：集英社，一九九七。

安達巖，《パンの日本史―食文化の西洋化と日本人の知恵》，東京：ジャパンタイムズ，一九八九。
安達巖，《パン食文化と日本人─オリエントからジパングへの道》，東京：新泉社，一九八五。
江崎光子，《長い旅》，東京：朝日新聞社，一九八三。
佐々木道雄，《焼肉の文化史　焼肉・ホルモン・内臓食の俗說と真実》，東京：明石選書，二〇一二。
佐々木道雄，《焼肉の誕生》，東京：雄山閣，二〇一一。
東畑精一，《日本資本主義の形成者》，東京：岩波新書，一九六四。
宮塚利雄，《日本焼肉物語》，東京：太田出版，一九九九。
陳建一，《「鉄人」が「神様」への思いをつづる》，東京：大和書房，一九九九。
陳建民，《さすらいの麻婆豆腐─陳さんの四川料理人生》，東京：平凡社，一九九六。
陳建民，《四川料理を日本に広めた男　ちくま評伝シリーズ》，東京：筑摩書房，二〇一五。
魚谷常吉，《長壽料理》，東京：秋豊園出版部，一九三六。
森枝卓士，《カレーライスと日本人》，東京：講談社，二〇一五。
潘卡吉・米什拉（Pankaj Mishra）著、黃中憲譯，《從帝國廢墟中崛起：從梁啟超到泰戈爾，喚醒亞洲與改變世界》，台北：聯經出版公司，二〇一三。

上海——風雲際會的註腳

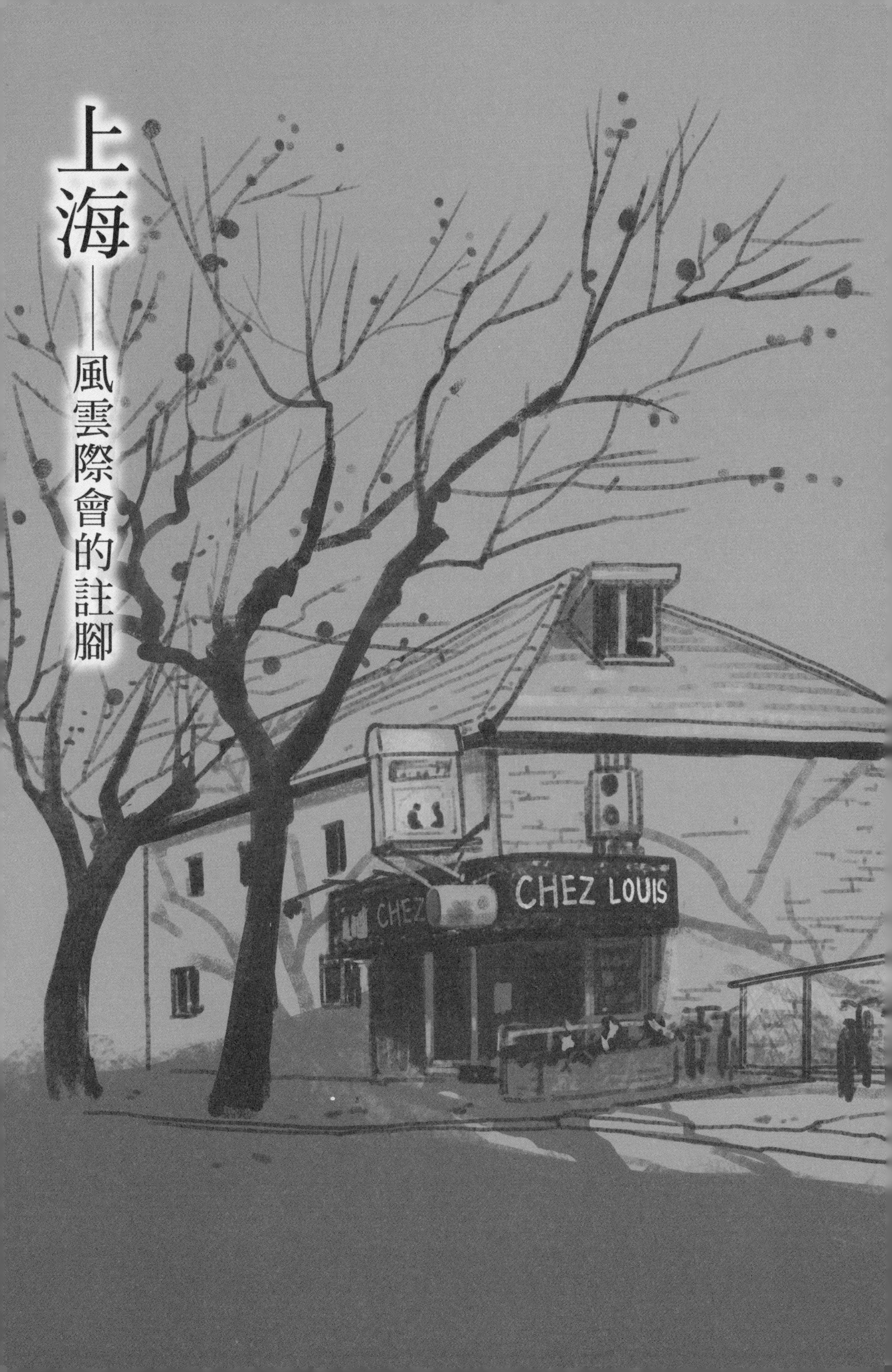

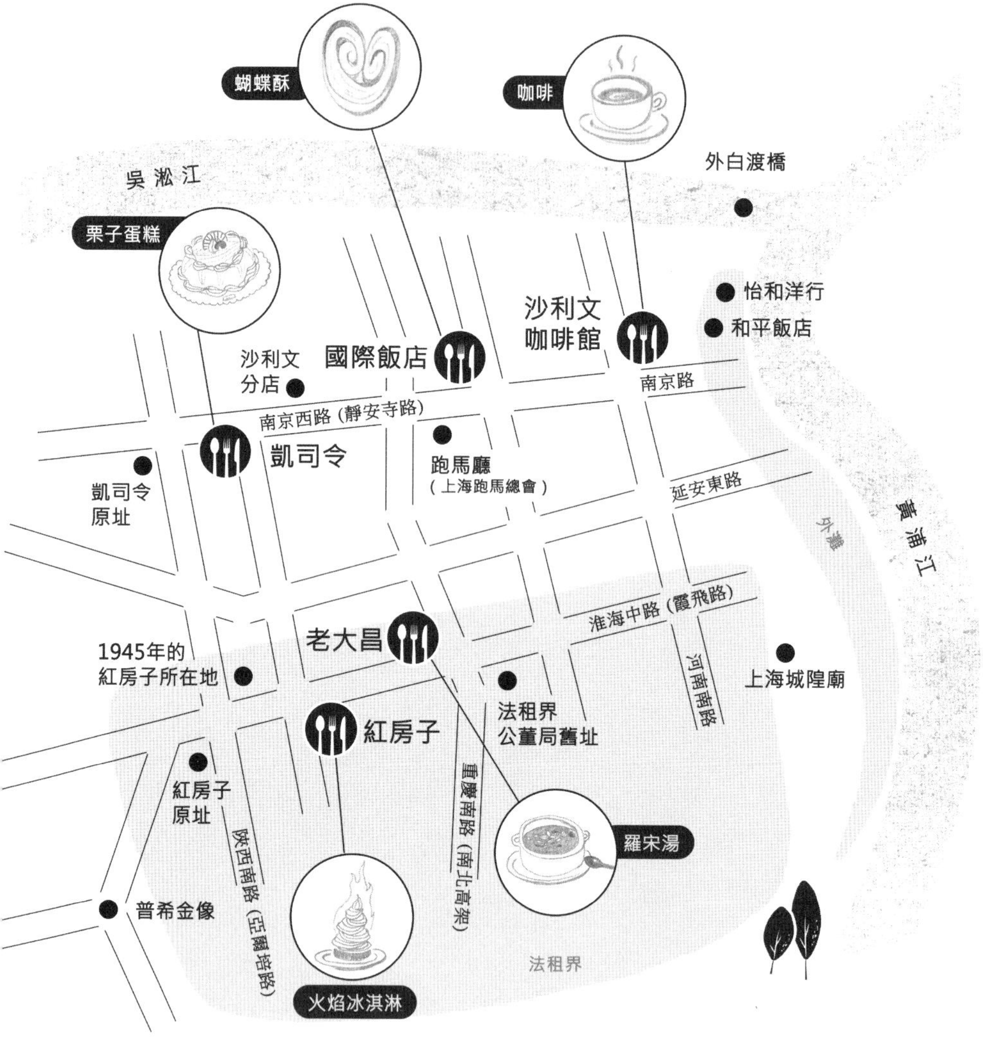

蝴蝶酥
咖啡
吳淞江
外白渡橋
栗子蛋糕
怡和洋行
沙利文
咖啡館
和平飯店
沙利文
分店
國際飯店
南京路
南京西路（靜安寺路）
凱司令
跑馬廳
（上海跑馬總會）
凱司令
原址
延安東路
外灘
黃浦江
淮海中路（霞飛路）
老大昌
1945年的
紅房子所在地
河南南路
上海城隍廟
法租界
公董局舊址
紅房子
紅房子
原址
重慶南路（南北高架）
羅宋湯
陝西南路（亞爾培路）
普希金像
法租界
火焰冰淇淋

外白渡橋（Garden Bridge）
黃浦公園，連接黃埔與虹口

老大昌
淮海中路558號（原霞飛路〔Avenue Joffre〕）

沙利文咖啡館（已歇業）
原址：南京路11號（今南京東路223號，現為華東電管局大樓）
舊時分店：靜安寺路（Bubbling Well Road，今南京西路）、
麥德赫斯脱路（Medhurst Road，今泰興路）交界處

跑馬廳（原英商跑馬總會／上海跑馬總會）
南京西路325號
（1954-1997為上海圖書館、1997-2012為上海美術館）

紅房子
1935年Chez Louis：今淮海中路九七五號
1945年Chez Louis：今陝西南路三十七號
現址：淮海中路845號

國際飯店
南京西路170號（跑馬廳對面）

凱司令
原址：靜安寺路、西摩路（Seymour Road，今陝西北路口）口
現址：南京西路1001號

普希金像
汾陽路、岳陽路和桃江路的街心三角地帶

徐家匯天主堂 ●

海上舊夢：咖啡香裡的苦澀和傳奇

上海話有「老克勒」這個說法，指講究生活細節、且有一定閱歷和生活品味的老先生。他們戴鴨舌帽、穿牛津鞋、打領結，冬天戴格子圍巾，秋天穿風衣。喜歡悠悠的喝咖啡，喝紅茶要放檸檬，早餐喜食牛奶麥片。每一條皺紋、每一個欣慰的笑、每一步顫抖的行走都是外人難以想像的或不願去模擬的真事隱。

我的一位舅公就是這樣的老克勒。舅公的父親原是絲綢大亨，愛上表妹，家長卻為他娶了同樣鄉紳家庭出身、但破落在先的姑娘——「大概是為了省幾個聘禮錢」，家人常笑。二人婚後始終冷淡相對，新婦臉上少見笑容，而後他隨著兄長來到上海開洋行。

出身富貴的舅公便在上海念了最西式的教會學校，又考上最好的私立大學；極賦語言天分，四國西文都流利。畢業後進了最好的洋行，娶了令人豔羨的話劇名伶。週末去蔣介石和宋美齡舉行婚禮的教堂參加唱詩班，生活得喜氣洋洋，也好似親身示範了滬人所謂的「洋氣」。

一九三七年，八一三松滬會戰後，洋行倒閉，租界淪落成孤島，年輕的舅公失去了工作和曾經歡快的生活。但是，每天早晨他依然西裝筆挺的出門，在租界穿過他曾經最愛的咖啡館，從後門進、前門出，這樣不用花錢還可以聞得一身咖啡香。已經買不起報紙了，就在法租界的復興公園撿一份西文報紙，坐在長椅上看一天，傍晚吹著口哨返家。

舅公去的是沙利文咖啡館（Sullivan's Hot Chocolate），初名為沙利文糖果行（Sullivan's Fine Candies），本店開在南京路，一九二二年被一美僑雷文（C.H. Ravan）接手，改了英文店名，中文名照舊。一九二五年，又招收其他股份，改稱沙利文麵包餅乾糖果公司，並向美國俄亥俄州註冊，在新閘路設工廠，以麵包、餅乾、糖果、糕點享譽上海，以至於「沙利文」在老派滬語中常被作為糖果餅乾的代名詞。一九四九年以後，沙利文與馬寶山糖果餅乾公司等合併為上海益民食品四廠

（後上海光明公司），是上海糖果餅乾的主要生產工廠。

沙利文咖啡館在靜安寺路（今南京西路）、麥德赫斯脫路（**Medhurst Road**，今泰興路）交口上另有一家分店，為英式建築，有電唱機，樓下有火車卡座，樓上多是小圓檯，臨街落地長窗。餐檯上都鋪著綠白方格的桌布，風格清雅。比較與眾不同的一點是侍者有一半是白人，主要語言為英語，使得到沙利文咖啡館進餐飲茶成了一種象徵西化的身分標誌。

舅公每日進出咖啡館又在公園讀報，看似清閒和清高，實際是在找招工廣告。無奈當時洋行和外資企業紛

外白渡橋舊貌。郎靜山攝，來源：https://commons.wikimedia.org/wiki/File%3AShanghai_Bridge%2C_by_Lang_Jingshan.jpg。

原圖為1934年的軒尼詩廣告，圖中長鬚老者為著名劇作家蕭伯納。圖片來源：《一位美國人在中國，1936-39》（*An American in China 1936-39: A Memoir*），http://www.willysthomas.net/CathayHotel.htm。

紛撤離，西文的優勢不再。家中靠妻、妹繡花養家，他的妹妹也就是我的祖母。舅婆為了繡花而熬夜，結果染上了煙癮，每工作一小時就要抽煙提神，直到深更半夜。不久後年輕的祖母去日占區的虹口工廠做工；去虹口必須經過一座外白渡橋，在李安的電影《色戒》中有細緻的描繪：當時外白渡橋由日本士兵守衛，中國人若過此橋則必須向日軍鞠躬。為了避免向站在外白渡橋的日本兵鞠躬，祖母堅持每天繞路，多走一個鐘頭上班。

以後回憶起沙利文咖啡館，祖母總是帶幾分埋怨的心酸和幾分無奈；但也是那座咖啡館，給不知如何面對突如其來的貧困、戰爭和分崩離析的世界的那位年輕人，在每早咖啡館的杯碟輕響和慢聲細語中帶來些許的溫暖和希望吧。

一九四九年以後的政治運動開始，舅公被迫離開了上海的家人和原先的生活。關於舅公後來的故事，父親是這樣寫的：

「克勒」舅舅來上海為父親辦喪事，儘管這時他自己也是在五七幹校養豬，不過走在上海街頭，一身打扮：短袖的府綢襯衫，下半截束在白色西裝短褲裡，腳登一雙白黑間色的漏空風涼皮鞋，依然是「克勒」。

辦完了喪事，一起聊天，說自己兩個女兒穿得太土了，「以後把我在國外買的連衫裙給她們穿上，一起到南京路上走一走，肯定後要跟上一大批」——我的這兩個表妹在幼兒園時，我媽媽帶她們到照相館拍照想寄給她們的爸爸，後來照相館把兩人的合照放得比真人還大，放在櫥窗裡做起了廣告。外婆去世後，舅舅就很少回上海了。兩個表妹在中學畢業後都去了南方。我結婚的時候到了南方旅遊，住在舅舅家，白天看著他西裝筆挺的出去上班，晚上聊天，古今中外，天南海北，興致極高。

奇怪的是，「克勒」舅舅到了晚年卻非常的懷舊，來信裡經常要講些儒家的警句，而原來的洋文味道倒是沒有了。更可惜的是，幾年前得了老年癡呆症，除了我舅媽、我媽媽和他自己的女兒外，其他人一概都不認識了。

那是二十世紀上海灘中無數掙扎的人生裡面的一個小小的註腳。

過來之人津津樂道，道及自身的風流韻事，別家的鬼蜮伎倆——好一個不義而富且貴的大都會，營營擾擾顛倒晝夜。

豪奢潑辣刁鑽精乖的海派進化論者，以為軟紅十丈適者生存。上海這筆厚黑糊塗帳神鬼難清，詎料星移物換很快收拾殆盡，魂銷骨蝕龍藏虎臥的上海過去了，哪些本是活該的，哪些本不是活該的；誰說得中肯，中什麼肯，說中了肯又有誰聽？

因為，過去了，都過去了。

上世紀二〇至四〇年代的上海所呈現出的那畸形的繁華，正如木心先生所說看似炫目，實則大夢千秋，只待戰爭與革命將其摧毀。各國租界形成的治外法權與本地大亨黑幫共參都市秩序，外憂內患市民慎諾生活謹守寸光陰。螺螄殼裡做道場，洋場沉淪蝴蝶夢。但上海曾經接納了來自世界各地願意放棄、挑戰和改變傳統的人，並將他們的文化融會貫通，成為一座兼具開放性和契約精神的都會。

哪怕命中注定會夭折，也還是值得紀念：那些杯盞中叫人依偎的味道，是二十世紀的苦難中一道美好的靈感乍現。

咖啡館中的千鈞一髮：《色戒》與凱司令的傳奇故事

除了沙利文，還有另一間咖啡館依舊讓老上海人無限懷念，它曾出現在李安的電影《色戒》裡。在電影中，女主角因為「鴿子蛋」戒指動容，暗示男主角逃走，原定的暗殺計畫破敗，女主角與友人全部被捕、當夜槍殺。而這千鈞一髮的畫面，就發生在上海霞飛路的咖啡館「凱司令」。原著中，祖師奶奶張愛玲在《色戒》裡如此描寫它：

到公共租界很有一截子路。三輪車踏到靜安寺路西摩路口，她叫在路角一家小咖啡館前停下。萬一他的車先到，看看路邊，只有再過去點停著個木炭汽車。這家大概主要靠門市外賣，只裝寥寥幾個卡位，雖然陰暗，情調毫無。靠有個冷氣玻璃櫃檯裝著各色西點，後面一個狹小的甬道燈點得雪亮，照出面的牆壁下半截漆成咖啡色，亮晶晶的凸凹不平……她聽他說，這是天津起士林的一號西崽出來開的。

在藍登書屋（Random House）出版的英語版《色戒》中，凱司令咖啡店被翻譯為“Commander K’ai’s Café”。今天已經被收作國營的凱司令，依然在紅底招牌上有個大大的「K」字。這位Commander K’ai何許人也？

凱司令：上海的縮影

凱司令創始於一九二八年。據近年剛故世的上海名媛作家程乃珊回憶，它最初是由三位上海西點師花費八根金條合夥開辦的，三位合夥人中包括有當時上海知名的德國總會西點師凌阿毛，以及天津起士林西餅店的領班。由一位下野的軍閥協助三人選定了店面，為了感謝這位軍閥而取名「凱司令」（Commander K）。據程乃珊稱，凱司令最初是間酒吧，之後才發展成為一家集西點、西餐、咖啡店為一體的綜合型西點公司。

又一說店名意為紀念北伐軍勝利凱旋，並暗喻在商業競爭中長盛不衰。這個傳說裡的凱司令不但沒有與天津起士林西餅店合作，反而起士林還狀告凱司令仿冒他們的招牌，結果是凱司令勝訴。抗戰爆發後，天津淪陷，起士林轉到上海，也在靜安寺路上開了一家咖啡館，供應德式西菜、西點和咖啡。

凱司令招牌。來源：維基百科。

為什麼張愛玲要挑選凱司令作為刺殺的地點呢？學者認為，這家咖啡館實際是這座城市的縮影，凱司令是故事高潮開始的轉捩點，但它在一個相對不起眼的角落，室內也陰暗陳舊，讓男主角不會遇見熟人；隔壁不遠就是那家看來更不起眼的印度珠寶店，櫥窗裡空無一物，招牌上雖有英文「珠寶商」字樣，也看不出是珠寶店，這就是所謂十里洋場的黯影。而它的地理位置，在「遠離外灘的繁華而在公共租界西端距法租界不遠的靜安寺路西摩路口」，不僅是一個更適合作暗殺行刺的地點，更是租界秩序的灰暗地帶。

租界法律由多方協商運行，有外國法律管轄區、中國政府管轄區、市政條例法規組成，在協商中留出許多鑽空子的機會，譬如《色戒》中汪精衛政府的特務活動，又如反汪政府的愛國組織。早期中國共產黨之所以能成形於上海、展開地下活動，也是托賴於租界的環境。

葉文心教授曾指出，直到一九二二年底，中共上海組織的活動幾乎都在法租界運作。儘管巡捕房始終未曾放鬆對共產黨的監控，但與其他地區嚴酷的政治環境相比，上海法租界在域外法權（extraterritoriality）的規定下，中國政府失去管理權，一切行政權皆歸領事，因此是個能「提供政治避難」的區域。另外，法租界的巡捕房很早就是中國巡捕撐世面，因此地下組織很容易滲透。上海黑幫大亨由巡捕起家不說，共產黨人被拘捕後，最後判決不過是罰款、驅逐出界了事。

《色戒》故事發生時的上海也處在歷史交界口：已經不再是一九二、三〇年代最輝煌的時期，一九四一年太平洋戰爭爆發，日軍當天就開始占領全部租界，結束租界自治局面。

日軍占領租界後將全部外僑統一管理，猶太人集中到虹口隔離，不得外出。法僑、瑞典、瑞士、白俄等中立國居民繼續自由生活，但生活用品採配給制。德僑算是盟國人士照舊生活。英美荷蘭算敵國居民，全部關進江灣集中營。

一九三七年的淞滬會戰中，日軍將公共租界北區和東區作為進攻中國軍隊的基地，並以海軍陸戰隊代替租界巡捕，公共租界在事實上被分割成兩部分，蘇州河以北地區成為日軍控制的勢力範圍。戰爭之後的變化如此之劇烈，難怪許多回憶都伴隨著一種無根感和對未來的不確定性。上海的繁華是畸形的繁華，在滾滾向前的時代巨輪下的一陣顛簸。一切都有種不真實的危機感，好似知道時日將近，不得不鄭重光鮮的活著。

上海人也經常自嘲：上海從來沒有出過大事物大人物，因此近世的這番半殖民地的羅曼蒂克，是暴發的、病態的、魔性的，是西方強權主義在亞洲的節外生枝。木心曾在〈上海賦〉中這樣總結上海的租界時代：

從前的上海喲，東方一枝直徑十里的惡之華，招展三十年也還是歷史的曇花……一九四三年英美政府放棄了在中國的全部租借權，二次大戰結束，租界歸還中國，此後的四年，氣數是衰了，上海人仍然生活在租界模式的殘影餘波中，怎麼說呢，別的不說，單說英國在上海的投資，一九四九年尚高達三億英鎊。

但誠如近來的上海史研究開始提出的，過去習慣強調上海開埠的一八四三年，突顯了《南京條約》的重要性，彷彿將這座城市在一八四三年之前的歷史一筆抹去，製造「小漁村」被納入國際視野的迷思。然而，假如上海在開埠前果真是租界話語中的「小漁村」，又怎會被英帝國相中？在這之前，上海本身的地理環境和歷史進程已經顯示出潛在的發展可能。它後來所呈現的，應該是一種通融天時地利的生命力，得以在協商環境下產生現代城市的自治性[1]。

在過去，都是「世界」來到這裡

話說回凱司令，文革中，凱司令曾被改名叫做「凱歌」。一九四九年公私合營，凌阿毛之子任私方經理，後在文革中自殺。如今凱司令成為國營企業，這則故事自然不會被宣揚。

1 歷史學家華志堅（Jefferey Wasserstrom）在其作品《全球化的上海》（*Global Shanghai: 1850-2010*）中即曾尤其犀利的指出這一點。

凱司令外景及招牌。

李安在電影中處理的光影，精緻歸精緻，但少些「泥沙魚龍聲色犬馬的詭譎傳奇」，多些落寞，彷彿是被大時代遺忘的角落。湯唯在窗邊補搽香水，粉面凝著不被歷史記載的掙扎和欲望。個人生命固然帶著時代印記，但經歷著大時代的人依然經歷著平凡時代同樣的悲喜愛望。

凱司令這個地方，也讓人莞爾，掛著「中華老字號」的牌子，但賣的卻是西式糕點。上海人說起來，總是不以為然：海派文化嘛，集各地之大成。所謂海派，是上海師傅採用本地食材，結合本地人的口味，或者在傳統工藝上注入西方元素而成。電影《色戒》出名後，店裡也多出張招牌，表明此地正是《色戒》中咖啡館的原型。

直到今日，一樓外賣部的點心依然美味：淩阿毛之子早早過世，但他留下了好徒弟，從一九八〇年代至今依然能做出道地的滋味。牛油角、掼奶油、栗子蛋糕……而且價廉物美，也是凱司令仍舊能獲得較高認知度的理由之一。上海作家西坡曾回憶，當其他西餅店已經消滅了一九七〇年代蛋糕的「三元價格」時，凱司令還在賣一元二角一個的鹹棍麵包和兩元一個牛油麵包。那裡的「大雪藏」（枕頭蛋糕），因為分量足，收斂一點，可以吃上一個星期。許多老上海依然執著的相信凱司令這樣的老牌子，不但要約在那些地方碰面顯示鄭重，也願意帶一包點心回去細細回味。

凌阿毛當年的諸多創新中，就包括享譽上海灘的栗子蛋糕，栗子蛋糕也成為凱司令的招牌西點。

程乃珊寫栗子蛋糕，認為《紅樓夢》裡就提到過中式的製法：在第三十七回中，襲人差老宋媽媽給史湘雲送兩個盒子，一個是鮮果，一個就是桂花糖蒸新栗粉糕。所謂正宗的栗子蛋糕，整個蛋糕身沒有一點麵粉，全部是用栗子泥堆成，只有底部是一層薄薄的用六穀粉（玉米粉）烘成的硬底，整個蛋糕身呈球蓋形，然後用鮮奶油由上至下像絲帶一樣裱出各種精美的花紋，中間嵌一個豔紅的櫻桃。因為沒有麵粉，蛋糕身容易塌落，所以栗子蛋糕都做不大，最多五英寸，而且一旦切開就破相了，只有外行的人才會嘲笑「上海人真小氣，買個蛋糕還買那麼小」。

另外栗子蛋糕不太甜，實在是很具海派代表的西點。可惜如今的栗子蛋糕是用麵粉做的，栗子就像奶油一樣裱在上面，外形也與其他蛋糕樣沒有區別。按程乃珊的話說，只能算栗蓉蛋糕，認為是師傅功力不夠，怕蛋糕塌下來，才出此策。——

而且現今很少看見原尊的栗子蛋糕，大多是直接裝在塑膠盒子裡，吃起來要像吃冰激凌那樣用勺子挖來吃，腔調也沒了。

身為「八〇後」的我，沒有機會品嘗到當年栗子蛋糕的風華，但凱司令如今的口味也足以令人回味。在歐洲生活時品嘗過各式栗子蛋糕，總偏心的覺得不如上海凱司令的。那一口香氣馥郁；多年之後，想起來依然心頭溫酥。

凱司令的栗子蛋糕、紅寶石的奶油小方、國際飯店的蝴蝶酥，這三樣都是上海人依然津津樂道的老字號西點，在都市琳琅滿目的咖啡館和甜品店裡、也在上海人的心中獨占特殊地位。雖然都已經是國營，但大家說起來，仍帶著些矜貴神情，只念它「解放前」（一九四九年以前）的風貌，在很可能早已失傳的配方中回味曾經令他們引以為傲的輝

凱司令栗子蛋糕。

煌都市。

如同石黑一雄的小說《長日將盡》（*Remains of the Day*）中驕傲的管家面對來自美利堅的新主人讓他放個假、出去看看世界的感歎：

> 您可能有所不知，在過去，都是「世界」來到這裡。

與如今諸多華而不實的西點店相比，凱司令不僅代表一種對逝去洋場之風華矜貴的懷念和想像，也代表對逝去的淳樸和溫暖人情的貪戀。似乎每一口點心都是一座天地，包容悲喜，在或大或小的命運和動盪中，醞釀希望。

就像張愛玲對鄺文美說的，「願你的煩惱都是小事故。」

羅宋湯與流亡上海的故事

「金必多」與「羅宋」二湯與流亡上海的祖父

祖父生前曾任財政科長，以精明算計著名。上海人講究吃西餐，他自然也不能免俗；但考慮價錮，法國菜這樣的大菜極少去，多吃的是俄國菜。排場看起來不會差，好處是羅宋湯大碗，麵包挺開吃。他表率了東道，客人嘗到了實在，賓主盡歡。每次講起來，父親總笑得不行，邊評價：「簡直就是巴爾扎克的葛朗台！」——英法作家的典故信手拈來，絲毫沒有掉書袋的意思，不過是日常；要講洋氣，光吃西餐是不夠的，翻譯小說也從二十世紀初一直時興到今。

俄羅斯菜在上海並不與這座城市引以為豪的「洋氣」沾邊。如老克勒木心寫，「俄國菜」究竟不屬正宗洋味，若要嘗嘗法式大菜，亞爾培路「紅房子」，波爾多紅酒原盅燜子雞，百合蒜泥煸蛤蜊，羊肉捲萊斯。再則格羅希路「碧蘿飯店」，鐵扒比目魚，起司煎小牛肉。就算是霞飛路DDS的蔥頭檸檬汁串燒羊肉，也真有魅力，雖然DDS更有名的是滿街飄香的咖啡。又，上海人稱「西餐」為「大菜」，要的是那個時髦風光；但滬語之自嘲：若被老闆訓斥，也作「老闆請儂吃大菜」。

1885年，俄羅斯帝國駐上海總領事瑞丁（M. Reding）及其夫人。來源：http://www.virtualshanghai.net/。

但羅宋湯也是當時上海灘食客津津樂道的兩道湯品之一，另一道則據說是「金必多湯」。後者用魚翅雞茸加奶油，由寧波廚師創製出來，「以侑前清遺老遺少、舊派縉紳的口味」；相較之下，羅宋湯對上海人而言則屬於平民湯品，與流亡白俄聯繫在一起。因為白俄在上海的地位並不高，在本地人中間有「羅宋癟三」的說法，其中羅宋就是「俄羅斯」（Russia）的音譯。「羅宋湯」也是Russian soup的音譯。

這兩道湯並行，也表明上海被擁護的文化來源：一來江浙縉紳，二來歐美混雜。說起來一九七、八〇年代的時候，上海灘的木匠師傅也都讀珍奧斯丁，可以順口道一句「她還可以，但還不足以打動我的心」，達西先生的矜持傲慢加謙謙風範簡直活靈活現。但就到此為止了，劉別謙（Ernst Lubitsch）電影《小店鴛鴦》（*The Shop around the Corner*, 1940）裡那種為"high literature"癡迷的卻少見。外來文化在上海也被本土消化，默默的分成幾等，如今上海人還覺得法租界和公共租界地區相較高級，稱「上只角」，閘北等租界以北則是「下只角」，以此來劃分在不同區域居住的自己人；殖民擬仿（colonial mimicry）之不覺自嘲[1]。

---

1 Colonial mimicry，文學批評家霍米巴巴（Homi Bhabha）提出的概念，指被殖民者如何將殖民者的行為和價值觀念加以挪用複製，介入殖民支配的模糊空間。

羅宋湯的作法：海派炒麵粉

羅宋湯是一道斯拉夫菜，在烏克蘭、俄羅斯、波蘭、立陶宛等地有不同演變。最早的材料是馬齒莧；英文名字通常叫做Borscht，來源於阿什肯納茲猶太人意第緒語，蓋阿什肯納茲猶太人受到東歐鄰居的影響而來。

各國各地的用料不一，從甜菜、圓白菜、洋山芋、洋蔥、番茄、牛肉、奶油不等。在東歐，羅宋湯大多以甜菜為主料，常加入馬鈴薯、紅蘿蔔等蔬菜熬煮，因此呈紫紅色。有些地方以番茄為主料，甜菜為輔料。也有不加甜菜、加番茄醬的橙色羅宋湯和綠色羅宋湯。在波蘭，甜菜湯也是聖誕菜品之一。也有甜菜涼湯，因為加入優酪乳油而成嬌嫩的粉紅色，據說由立陶宛大公發明：以黃瓜、酸黃瓜、甜菜為底，以蒔蘿調香。

羅宋湯傳到上海後，上海人按自己口味改良了，因為紅菜頭並非本土作物，上海人也不習慣它的味道，故而用捲心菜替代，用上海本地特產梅林番茄醬[2]調製湯色並且增加甜味。上海羅宋湯的一般作法是先將番茄醬用油炒過以去掉酸味，再加入白砂糖，從而達到酸中帶甜的效果。比較講究的則以牛肉湯為湯底，在簡餐餐廳的則一般用紅腸、洋山芋等材料，這不但也是一九八、九〇年代上海速食店的記憶，也是當時中小學食堂常有的菜式。在《紐約時報》的"The Ghost of Russia That Haunts Shanghai"一文中，作者歷數俄羅斯對上海的影響，也提到這道海派羅宋湯。

像許多當地語系化的菜品那樣，羅宋湯的改良中最有本地特色的一點在於炒麵粉，以增加稠度。不只是羅宋湯，其他西餐凡是原配方該用奶油的地方，海派改良裡都用炒麵粉代替。最初是因為缺乏奶油，而麵粉則是便宜經濟的代替品。但炒麵粉本身成了一種海派西餐的特色。在英國讀書時曾一度熱中分享食譜，有一次做了羅宋湯，說自己加了厚奶油（double cream），口感濃郁潤滑，但好像缺了什麼；朋友問：是不是缺了炒麵粉？笑答朋友：在上海之外，一般羅宋湯其實都不炒麵粉，應該加奶油！說話當時，自己也笑：一個因地制宜的法子，卻被上海人認為是

2 梅林為上海本地老字號，一九三〇年代時研發出中國第一瓶國產番茄沙司，從而聞名。後來以地方特色結合西方花色的罐頭著名，包括梅林午餐肉、梅林香菇肉醬等。一九九三年，該廠向當時的人民政府註冊並正式對外使用，由盾牌圖案、中文「梅林」字樣及羅馬文"MALING"組成的梅林商標。一九九七年上海梅林罐頭食品廠與上海食品進出口公司、香港貿基發展有限公司共同投資創建了上海梅林食品有限公司。

不可或缺的秘方。

但的確，炒麵粉代替奶油雖然聽起來不搭調，但卻有特殊的煙火香，與番茄的酸甜、牛腩的肥厚、捲心菜的生辛融合得恰到好處。木心說上海的羅宋湯「大抵也有炒香了的麵包屑，所以分外濃郁可口」，說的也是這一點。原本因為經濟原因而生的下策，倒成了特殊配方，鐵鍋裡冒著炊煙濃得化不開的鄉愁。

流亡上海的沙俄傳奇：保鏢、麵包、妓女和沙龍

這特殊配方，要歸謝流亡上海的俄羅斯人，一般通指白俄。

白俄並不是白俄羅斯（Belarus），而是指與擁護共產黨和紅軍的紅俄相對的俄羅斯人：十月革命中選擇忠於沙皇的被稱為白俄，選擇跟隨共產黨的則被稱為紅色沙俄。在一九三七年，共有兩萬五千多名白俄生活在上海，是人數最多的歐洲群體，也是僅次於日本人的第二代外國居民。其中許多人原先都是沙俄貴族，在十月革命之後失去了原有的地位、財產、生活甚至家園，最後被迫離開俄國；那些在歐洲有更多聯繫的去了歐洲（好比在《唐頓莊園》中所描繪的那樣），其餘的則穿過

西伯利亞來到海參崴東岸的滿洲國，定居於哈爾濱或其他租界地區，如天津或上海。

一九二二年十月，海參崴淪陷。忠於沙皇的斯塔爾克海軍上將（White Commander Admiral Oskar Victorovich Stark）帶著三十艘船、據說多達八、九千多名難民逃離俄國前往遠東，但在朝鮮元山港受到日本員警的阻攔，因為其中有一半船隻已不適航。剩餘的難民繼續前行，雖曾遭到強颱襲擊而有兩艘船葬身海底，但總算三千名難民於十二月順利馳抵吳淞口。

當時的上海雖被譽為自由港口，進出並不如他們所想的那麼自由。首先，難民的抵達使中國官方和上海租界當局慌亂不堪。所幸的是通過協商，各方都願意合作。俄國駐上海領事格羅思（Victor Fedorovich Grosse, 1869-1931）臨時建立起非正式的俄羅斯移民委員會（Russian Emigrants Committee, REC），通過俄羅斯救援會（Russian Aid Society）這樣的組織取得支援；上海的別發洋行（Kelly & Walsh）[3]

3 別發洋行（Kelly & Walsh Ltd.），又名別發書店，十九世紀六〇年代成立於上海的英語書籍出版公司，目前在香港作為專業藝術書籍專賣店存在。二十世紀中葉曾在香港、新加坡、東京和橫濱都設為難民提供洋行所在建築作為住宿，另提供每日兩餐，協和萬邦堂（今上海國際禮拜堂）[4]也設立慈善廚房（soup kitchen）。然而，已經在上海的俄羅斯群體約七百名左右，多是中產以上的商人或領事館工作人員，並沒有對難民表示特別的歡迎。國際聯盟（League of Nations）[5]曾對難民生存狀況作過調查，並認為他們的情況令人擔憂，但即便如此白俄難民也不願回到俄羅斯。

由於布爾什維克的政權交替，蘇俄政府在一九二一年廢除了所有政治流亡者的公民身分，白俄遂成

俄羅斯警務輔助隊在法租界合影。來源：http://www.virtualshanghai.net/。

為無國籍者，大部分人所持有的唯一證件只有國際聯盟簽發的難民旅行證件南森護照（Nansen Passport）。由於缺乏正式的身分，因此不能享受上海租界地區的涉外法權，必須遵從中國法律，也不被華人或外國人社區完全接受。白俄難民的實際生活狀況與過去白人在上海擁有絕對特權的景象截然不同。

留居上海的白俄難民從事的職業包括員警、保鏢、經營餐館和咖啡館，還有娛樂行業。章君穀在《杜月笙傳》一書中寫到三個白俄，「是杜公館的三位少爺：杜

有分支機構。日本占領上海期間，別發洋行遷往香港，最終出售給香港書商辰衡圖書（Swindon Book Co. Ltd.）曾是中學西傳的重鎮，初以引進英美德法出版的各類新書為主，後又致力於出版中國文化典籍的英譯本、相關工具書和專著，其中影響較大的有辜鴻銘《論語譯英文》、庫壽齡《中國百科全書》、《官話指南》、翟理斯《聊齋誌異選》、波乃耶《中國的節奏與韻律：中國詩歌與詩人》、林語堂英文小說《京華煙雲》中國版等，還發行《皇家亞洲文會北華支會會刊》、《中國評論》等。見陳子善，〈閒話別發印書館〉，《蘋果日報》，二〇一三年十月十三日，http://hk.apple.nextmedia.com/supplement/apple/art/20131013/18461262。檢閱日期：二〇一七年一月十五日。

4 American Community Church，一九二〇年代由美國僑民在上海組成的聯合教會，當時俗稱美國禮拜堂，後改名國際禮拜堂。

5 國際聯盟（一九一九—一九四六），是一戰後各國成立的第一個國際和平公約組織。

維藩、杜維垣、杜維屏的貼身保鏢。其中為首的一個名字叫康士坦丁．鐵諾夫（Constin Teelov），杜公館的人叫不來，於是一概稱他：『江蘇省濟南府』。」張緒諤在《亂世風華》一書裡頭，則寫了他家在跑馬廳僱傭的三個白俄，「老騎師沙克勞夫出身是哥薩克騎兵隊長，兩個兒子都是騎師。」

對請不起騎師和保鏢的普通人而言，更常在餐館和咖啡館接觸到白俄。張愛玲在〈談吃與畫餅充饑〉一文裡頭回憶道：「離我學校不遠，兆豐公園對過有一家俄國麵包店『老大昌』（Tchakalian），各

老大昌舊照。來源：http://avezink.livejournal.com/27314.html。

色小麵包中有一種特別小些，半球形，上面略有點酥皮，下面底上嵌著一只半寸寬的十字托子，這十字大概麵和得較硬，裡面攙了點乳酪，微鹹，與不大甜的麵包同吃，微妙可口。」

老大昌在上海人心目中是老字號，上海美食作家沈嘉錄先生猜測最早法國人經營，因為在車間遺物中找到看不懂的洋文或長翅膀的小天使，其實是俄羅斯人所開。老大昌原名Tchakalian Brother's French Bakery，位於法租界亞爾培路（Avenue du Roi Albert，現陝西南路）。官方的「上海檔案信息網」將老大昌的淵源記錄為法國麵包房，其實是俄羅斯的亞美尼亞移民開設，經營法式兼俄式烘焙。考慮到當時流亡白俄在上海的生存狀況，要在法租界招攬顧客的白俄麵包房才以法式烘焙作為招牌，以期融入歐洲群體吧。

沈先生讀中學時按照最高指示的要求須學工學農學軍，因而被安排在老大昌勞動。他回憶道：

老大昌在文革中更名為紅衛食品廠，我們在二樓包裝糖果，貼隔壁就是一條糖果生產流水線，一陣奶香，一陣果香，熏得我們這班窮小子暈頭轉向，口水連連。不久我與另一名女同學被安排到淮海中路、茂名路轉角上的門市部參加勞動，不是當營業員，而是藉了蛋糕車間一隅，給一部自動糖果機描圖紙一直堆到天花板上的紙質蛋糕盒子也是五、六〇年代訂製的，我拉過一隻一屁股坐上去，咿，堅如磐石啊。老大昌還有一種肉餡煎餅叫匹若嘰（pierogie），老金黃色，疲軟作布袋形。我因為是油煎的不易消化沒買。多年後在日本到一家土耳其人家吃飯，倒吃到他們自製的匹若嘰，非常好。土耳其在東羅馬時代與俄國同屬希臘正教，本來文化上有千絲萬縷的關係。

張愛玲後來到了香港，也想念上海的白俄麵包房：

六〇年間回香港，忽然在一條僻靜的橫街上看見一個招牌上赫然大書Tchaka-lian，沒有中文店名。我驚喜交集，走過去卻見西曬的櫥窗裡空空如也，當然太熱了不能擱東西，但是裡面的玻璃櫃檯裡也只有寥寥幾隻兩頭尖的麵包與扁圓的俄國黑麵包……我買了一隻俄國黑麵包，至少是他們自己的東西，總錯不了。回去發現陳得其硬如鐵，像塊大圓石頭，切都切不動……好容易剖開了，裡面有一根五六寸長的淡黃色直頭髮，顯然是一名青壯年斯拉夫男子手製，驗明正身無誤，不過已經橘逾淮而為枳了。

白俄從事娛樂產業也是滬上出名的：白俄男子在夜總會演奏，白俄女子則伴舞，甚至從妓。歷史學家賀蕭（Gail Hershatter）指出，截至一九三〇年代，共有八千名以上白俄在上海從事性交易。一九三五年國際聯盟在調查白俄群體貧困問題時指出，在十六到四十五歲之間有百分之二十二白俄女性賣性為生。就連張愛玲在描繪一間公寓的拙劣品味時也和白俄妓女聯繫起來：「房間裡充滿著小趣味，有點像個上等白俄妓女的妝閣。把中國一些枝枝葉葉啣了來築成她的一個安樂窩。最考究的是小櫥上的煙紫玻璃酒杯，各式各樣，吃各種不同的酒。」

但在這層通常印象之上，上海的白俄也形成了一個以文化與藝術為主的群體。當時上海百分之六十以上的交響樂隊成員都是俄國人，一九三四年的工部局交響樂隊，四十五名隊員中，有二十四名為俄國僑民。西伯利亞出生的作曲家阿甫夏洛穆夫（Aaron Avshalomov）曾根據滬上生活經驗譜寫作品，在巴黎享有盛名的聲樂家

"Please Come In; I Have Been Waiting For You," She Said in a Low Husky Voice.

漫畫中的上海白俄姑娘。圖片來源：《泰晤士報》1936年9月5日。

白俄舞女。來源：http://www.virtualshanghai.net/。

維金斯基（Alexander Vertinsky）戰時困在上海並曾演出，在上海長大的英國芭蕾演員瑪格・芳登（Margot Fonteyn）也曾在上海跟一位俄羅斯教師喬治・岡察洛夫（George Goncharov）學舞對方曾在著名的波修瓦芭蕾舞團（Bolshoi）擔任舞者。

在他們的帶動下，歌劇、芭蕾舞在上海盛極一時。還有不少俄僑音樂家教授音樂，如張愛玲的鋼琴老師就是白俄。甚至有任教於中國的最高音樂學府——國立上海音樂專科學校，如著名鋼琴家鮑里斯・查哈羅夫（Boris Zakharoff, 1888-1943）就於一九二九年經工部局樂隊首席小提琴家富華推薦，由校長蕭友梅聘請擔任鋼琴科主任，月薪四百元（普通教授約為兩百元）。

在上海的俄羅斯下午。來源：《時代週刊》。

一九三〇年代上海灘上許多文學沙龍也由白俄組成，成員包括畫家、演員、作家、記者、芭蕾舞演員。他們有時給聚會定主題，如「與百無聊賴的征戰」（Fight against Boredom），這是一首獻給這個沙龍的詩作的名字，形象的表達了這個沙龍和這群白俄藝術難民苦中作樂的態度。他們懷念十月革命之前的生活，在上海生活的艱難幾乎被刻意隱去。一九三七年二月十日，普希金銅像於詩人逝世百年紀念日在祁齊路（今岳陽路）落成，今天仍佇立於上海西區。

一九三〇年中葉，在滬的俄羅斯人並沒有介入政治。然而一九三〇年底開始，從滿洲抵達上海的俄羅斯人改變了這個狀況。他們並沒有像先前的俄羅斯人那樣入

上海岳陽路口的普希金銅像（田昊攝影）。

駐法租界，而是入駐勞工階層為主的虹口，帶來了滿洲的政治文化，包括敵視猶太人、法西斯主義和親日軍。一九四〇年代後期，隨著國共戰爭加深，白俄群體開始離開上海。一部分年輕人去了澳洲，有些去了阿根廷，有些投機分子改投蘇維埃政府（包括音樂家維金斯基）。一九四九年共產黨入主上海後，聯合國的難民組織介入，將五千名無國籍的俄國人送到了菲律賓的美軍基地。經過兩年的遊說，華盛頓終於允諾他們美國簽證，從舊金山抵達美國。

歲月的濃稠與酸甜

和流亡上海的白俄一樣，許多上海人也因為戰爭才抵達上海，祖父就是流亡的人群之一，也就有了開頭所說的羅宋湯宴客的故事。

祖父少時隨家人流亡到上海，從小就去商店學徒，倒也學會一套出色的算盤功夫。二戰剛開始的時候，祖父還沒滿二十歲。像當時的許多熱血青年那樣，他積極投入抗爭運動，尤其幫助救援因為戰爭而淪落為孤兒的孩子們。上海淪陷為「孤島」之後，祖父將那些孤兒組織起來成立了「孩子劇團」，帶領孤兒音樂演出振奮他們的精神，還親自作了不少曲。當時中共曾發起一些在中共組織之外的「外圍人員」為其效力，祖父被選中作為「上尉指導員」參戰，離開劇團去了浙江戰線。父親常調侃：祖父那副文弱遲疑的樣子，像果戈里小說《外套》中的九等文官，完全想像不出他是如何的毅然決然的離家出走、奔赴戰場的。日軍在溫州登陸後，祖父所在的部隊被日軍擊潰。祖父失去了組織，流落在浙江國統區。後來憑他的算盤功夫和吃苦精神，在當地銀行裡找到了工作。

祖父為孩子們作指揮（作者家人提供）。

抗戰後他回到上海，繼續傾向「進步」，又參加了中共外圍的組織，滿心喜悅的迎來改朝換代，參加了軍管會，參與接管上海。可是他不知道的是，「組織」從來沒有把他作為黨的一部分。據說當年帶他到浙江部隊的領導對他有個親筆批示：「此人小資產階級習氣極其嚴重。」更嚴重的是，有個祖父曾經親近的朋友被懷疑是托派[6]，祖父也就捎帶被內部定性為「托派嫌疑」，屬於控制使用。由於始終無法施展政治抱負而鬱鬱不得志的祖父，去世時依然抱憾。

紀念祖父過世的週年的日子，父親曾寫道一句話，讀之感慨，為之心痛：

> 當年那麼勇敢選擇自己生活道路的祖父，後來一直是處在「不被選擇」的狀態幾十年。在他當年為之貢獻青春的新世界。

當年十里洋場的輝煌是由許多曲折烘托出來的。霓虹影影綽綽，也閃爍著許多白日裡看不見的辛酸和流亡。流亡上海的白俄為生計開設餐館，每一瓢湯中是否也

6 托洛斯基派（Trotskyism），史達林當政後遭到清除的派別。

帶著他們流離的鄉愁？一個族群的鄉愁成就了一座城市的傳奇。外國人流亡到洋場，中國人流亡到洋場，一樣討生活；國破、家亡、理想破滅，煮一鍋酸甜稠膩的羅宋湯，飽足又歡喜，繼續活下去。

法租界的紅房子西菜社：不曾融化的火焰冰激凌

去年有朋友從美國到紐約大學上海分校教書，問需不需要在租房上幫忙，對方得意的回答：不用，我已經在法租界找到房子了！暗暗給了一個讚，看來碰到了「懂經」[1]的人。

如此這般世界通（cosmopolitan）的國際友人來上海住，似乎都喜歡住法租界；上海人自己聊起來，也覺得法租界是上海的驕傲，認為法租界是上海西化和洋

1 滬語，意味明白事理、拎得清、知曉信息。

派的代名詞，被視作本土文化的一部分，尤其代表一種通融世界的生活態度與生活方式。美國作家鄺麗莎（Lisa See）在其暢銷書《上海女孩》（*Shanghai Girls*）裡也假二戰時逃亡到唐人街的上海小姐口吻道，「看他們早餐吃醬菜稀飯我們有點不習慣，因為我們在上海的時候早餐都是咖啡和西點。」兒時看外祖母準備早餐，也總是用燕麥片加切片麵包，麵包要在爐灶邊烤過，經常會烤焦，這是她在烤麵包機被沒收和禁止的時候學會的替代法。後來看別人回憶康有為女公子康同壁點滴，原來對那一代以堅持

法租界今景。

生活方式對抗環境的人而言，學會用鐵絲和爐灶烤麵包是他們的共同智慧。

在如今的淮海路、南京西路、長樂路行走，依然可見所謂「法國梧桐」兩排成蔭，哪怕盛夏烈日也顯靜謐；樹影照見雅舊洋房和店鋪。法租界也有大手筆，諸如徐家匯天主堂、天主教藏書樓、徐匯公學、社會科學院等等，現在依然是城市地標建築，也代表著一種反抗中共意識形態的格局和一種現代城市規劃的理念。

而法國餐廳就是最能代表這一具有市民社會意味的租界縮影。在老牌法國餐廳中，似以「紅房子」最為傳奇和聞名。

「烙蛤蜊」和「火燒冰激凌」背後的戰爭與硝煙

位於現在淮海路上的「紅房子」，原名「羅威飯店」（Chez Louis）。一九三五年由義大利人路易．邁路（Louis Rovere，一譯路易．羅威）開設，店址在霞飛路（今淮海中路九七五號）。太平洋戰爭爆發後日軍占領法租界，路易因是猶太人，被投進集中營，餐廳也隨之關閉。一九四五年二戰結束後，路易重獲自由，也繼續留在了上海，並在亞爾培路（今陝西南路三十七號）買下兩間店面繼續經營西餐，西文名依然是Chez Louis，但中文名改為「喜樂意」。

中共入主後外國人相繼離開，一九五〇年代喜樂意盤給了上海人劉瑞甫，繼續經營西菜。因附近紅色磚瓦房僅此一家，上海人都俗稱之為紅房子，於是在重新登記註冊時就索性用了紅房子這個名字。但另一種流傳的說法是「紅房子」得名於戲劇名伶梅蘭芳：相傳梅蘭芳與老闆劉瑞甫、大廚俞永利為老友，某天餐後閒聊時，劉瑞甫表示為店名煩惱。「因為隨著新中國人們的思想覺悟提高，建設新中國翻身做主人的店主認為，大家都在滿腔熱情地為新中國添磚加瓦，而作為上海灘的西餐翹楚，『喜樂意』三個字的店名很不切合形勢。」聽到這裡，梅蘭芳便靈機一動指著大紅門楣與大紅門樓道：何不命名為「紅房子」？由此，「喜樂意」西餐社便更名為更「響噹噹紅火火」、更符合共產主義新中國形勢

紅房子內景。

的「紅房子西餐社」了。

但無論「解放」前後，紅房子在上海人心目中始終占據特殊地位，因為該店曾有一批深蘊西餐之道的廚師，吸收中國傳統烹飪技藝，所烹製的菜肴別具一格。現在回想，那些菜式都歷歷在目，可見印象之深（也因為家人時常提起）：海鮮杯、焗蛤蜊、牛尾湯、麥西尼雞、乳酪焗鱖魚、天蓬牛排、沙勿來、火燒冰激凌等等等等。根據一九九九年出版的《上海掌故辭典》記載，該店新創「焗蛤蜊」最負盛名。焗蛤蜊，據名而知，是從標誌性的法菜焗蝸牛改創。一九四六年，由於法國蝸牛缺貨，該店廚師就取用蛤蜊代替，經多次試驗，做出焗蛤蜊比焗蝸牛還要鮮美，應市後廣受青睞。這種融匯中西的才能，也是所謂「海派」的特色吧。

紅房子是很多上海人的西餐啟蒙，可以說大部分人對於西餐的回憶都與紅房子有關，我也不例外。外祖母家的長輩不少是民國時期的外交官和報人，不少早早赴美任教，也有通過庚子賠款留學時與胡適同窗，後在國民政府任職。因為祖輩革新意識強烈，不留傳統，好像張愛玲筆下的調笑「這家人是洋務派，漱口水都要用李施德林」。小時候西餐的口味和禮儀都是她點滴提醒，譬如喝湯時要由裡向外淺舀，而下午家人一起用咖啡和點心也是最溫暖的回憶。另外，家裡保留了熱中宴客的傳統，也總是藉機去飯店為大小緣由慶祝，聽她說過好多次紅房子曾經的風華。某次舉家出遊時臨時起意去紅房子，至今記得當時外祖母臉上難以言喻的孩童般的興奮。但不巧的是當時餐廳因為裝修而閉關，不得不換去別家中餐廳。最終因為種種原因，直到外祖母去世，都未能成行。儘管她努力克制，不讓失望表現在臉上，但那種情緒溢於言表，感染了所有人，包括童年的我。因為失望的根源遠不止於一次錯過。當年和她一

左方為外祖母，右邊則是外祖父母在法租界拍攝的結婚照（作者家人提供）。

起去紅房子的表妹，在文革中自殺，她自己也被困牢獄多年。小至一羹一碟，那不僅是對逝去家人和生活的回憶，更是對食物背後的價值、規則和理念的認同和堅持，以至對既有秩序的反抗。

當然，也有愉快的回憶。據說當時紅房子西菜社的二樓全部鋪設地毯，在一九八〇年代百廢待興的上海還算少見。當時紅房子有一道招牌菜：火焰冰激淩，在冰激淩上澆一遍朗姆酒隨後點燃；雪白的香草冰激淩上燃起藍色火焰，令周邊人羨慕驚歎。父母時常笑著說起在我學步時曾帶我去紅房子，但因為我太喜歡在軟軟的地毯上踏步，結果錯過了那道驚豔的招牌菜。後來美國冰激淩品牌哈根達斯進入上海時嘗過他們的火燒冰激淩，也在不同餐廳嘗過火焰阿拉斯加，都不如記憶中失之交臂的藍色火焰。

法租界風雲

為何上海人對這家法國西餐社情有獨鍾？這也與法租界的特殊歷史有關。

法租界設立於十九世紀中葉，持續至二十世紀四〇年代，歷時一個世紀[2]。它是二戰時上海最晚淪陷的地區，直到一九四二年初仍未被日軍正式占領，有大批中國居民自公共租界遷入法租界。一九四三年七月三十日及八月一日，法租界才被汪精衛政府收回。中法戰爭爆發時清政府遲遲未收回法租界，北伐時也沒有發動對法租界的衝擊。法國政府只擔心清政府會收回已臻繁榮的上海法租界，宣布中立或請俄國領事代管當地事務。太平洋戰爭爆發後公共租界及英租界均被日軍占領，而法國維希政府已是傀儡政府，日軍也推遲了占領。

行政制度方面，法租界與英租界的僑民自治制度恰好相反，實行所謂領事獨裁體制。在一八六二年上海法租界公董局成立之初，法國領事愛棠（Benoît Edan）託人仿效英租界制度，使其兼具行政、立法和監督的職能，領事不可干預租界日常行政事務。這種有著英國議會制形式的民主制度，與當時法國國內本身施行的行政長官制並不吻合。這種差異導致了十九世紀末期上海租界的一系列衝突，直到法國外交部特別委員會制定了《上海法租界公董局組織章程》，其中規定，上海法租界的一切行政權歸領事，包括巡捕房，公董局成為諮詢機構而不具備行政立法權，其決議均需經過領事批准，並隨時可解散。定型後上海法租界制度成為各地法租界範本，形成領事集權租界。

租界的行政管理權乃屬地權，中外人士只要進入租界，都受租界當局管理。因此，儘管並非割讓地，但因行政管理權屬於租界國，實際相當於外國在中國的領土延伸，也就是所說的域外法權，中國政府失去管理權甚至不能管理進入界內的本國居民。因此，法租界也成為游擊隊和共產黨活動的區域，這也是為什麼共產黨第一次代表大會就在上海法租界召開。

租界的域外法權對政治活動的特別保護有更長遠的歷史。小刀會的左元帥曾受到美國洋行和英人協助庇護。一九二七年國民黨鎮壓共產黨，在法租界開業的中國

2 一八四四年（清道光二十四年），法國與清政府簽訂《黃埔條約》，規定法國人可以在通商口岸貿易居住，並可自行租賃民房或租地造房。一八四七年一月，法國外交官敏體尼（Louis Charles Nicolas Maximilien de Montigny, 1805-1868）被法國政府任命為法國第一任駐滬領事，並於次年一月抵達上海。一八四九年，領事與上海道麟桂商定劃出法租界，南至城河，北至洋涇濱，西至關帝廟諸家橋，東至廣東潮州會館，沿河至洋涇濱東角。隔護城河與城牆與上海縣城相望，北與英租界為鄰，洋涇濱為界。

醫生曾庇護並且醫治共產黨員。租界也沒有戶籍制度，因此國事犯只要進入租界，中國當局就很難查獲。同年，中共中央臨時政治局從武漢遷至上海時，機關就設在這一地段（今雲南中路一七一、一七三號）。利用各租界治理權互不超越干涉的原則，一旦在公共租界受到緝捕，就能迅速進入法租界；在法租界受到緝捕時，又能迅速進入公共租界。

法國學堂（École de France），現上海科學會堂。

如此，法租界的歷史不單是租界史，也是本地史，記錄和融匯了上海人在不同時期自上而下的抗爭與信念。另外，法租界也代表了一種生活方式，才會有上海人對紅房子這樣的西餐社的情懷。因為儘管法租界的地理位置較為優越，但法國的對華貿易遠不如英國的興盛；而恰恰因為中法貿易不比中英貿易，法國主要向中外居民供給日常生活用品的零售，也集中餐廳、酒店、戲院等公共消費和娛樂場所，也因此更深入民心。上海法租界霞飛路的發展程度可與公共租界的南京路相比；一直到現在，「霞飛路」這個不再使用的地名在上海人心中都是繁華與品味的代名詞，而紅房子也成為西餐和西式生活態度、包括啟蒙式人文自由的代表。

從不曾融化的火燒冰激凌

但紅房子能夠以西餐社的身分保留至今也多虧歷史的偶然性：文革時它和所有西餐社一樣遭到破壞，一度被改名為「紅旗飯店」，被改造為一家「人民群眾能夠光顧」的餐廳。如何能夠又改回西餐社？一說是當時的國家主席劉少奇在品嘗了紅房子的特色名菜：焗蛤蜊、洋蔥湯、烙桂魚、芥末牛排、

紅房子今景。

紅酒雞等等之後，把店裡的大廚叫了出來，對他親切地稱讚「紅房子是店小名氣大」。而又一說是周恩來一九六〇年出訪印度歸來，在回北京途經上海時，大家想讓曾在法國留學的他試試菜品，於是特邀他去「紅房子西餐社」。結果，品嘗了紅房子西餐社獨創的焗蛤蜊、洋蔥湯後，周表示它菜品正宗，並在以後的歲月裡，無數次向中外賓客推薦。但這種說法並沒有解釋文革後的恢復。另一說是在一九七三年因為外賓對周恩來表示在上海難以嘗到正宗的西餐，周恩來想到了紅房子，它也成為第一家被恢復開放的西餐社。

如今紅房子年歲近百，說不上長，但在上海灘它是歷史名店，見證了近現代史上最重要的政治角逐，其錯綜複雜的殖民史和戰爭史也包容上海本地的城市發展和沉浮，使得上海人感到有種共同進退的親切，法租界的一草一木都是自己人。儘管上海人津津樂道的「法國梧桐」其實並不來自法國，而來自法屬殖民地。

一九九〇年代更多西餐社進駐中國以後，成為國營商店的紅房子儘管幾經裝修重整，也打上老字號的招牌，依然失去了曾經的味道，也難以嘗到八〇年代末、九〇年代初那種認真維持原貌的沙勿來和焗蛤蜊了。但對上海人而言，回憶的堅韌能夠抵擋一切外界變遷，還原已經失落的滋味。

蝴蝶酥：從鄂圖曼土耳其帝國到國際飯店

他鄉遇故知

北國。蘇格蘭首府愛丁堡素有「北方雅典」之名，因其稟承與復興希臘啟蒙精神的緣故。但它也是世界最大的文化藝術節愛丁堡藝術節（Edinburgh Festivals）所在地，有藝術氣質，美術館琳琅，大部分免費向公眾開放。

最喜歡那裡的蘇格蘭當代美術館（Scottish National Gallery of Modern Art）。館子前身是所孤兒院，由蘇格蘭著名建築師威廉・伯恩（William Burn）設計[1]，位

托普卡匹皇宮。來源：Melling, *Voyage Pittoresque de Constantinople et de Bosphore, Paris 1819*; Coşkun Yilmaz Archive。

1933年的外灘。來源：法國里昂東亞學院Institut d'Asie Orientale。

於流水潺潺的Dean Village，地方空曠，清朗有靈氣。周圍環繞骨董店、畫廊和咖啡館，足流連整天。

幾年前偶然走進那裡的一家法式餐廳，見到一種我在上海時慣稱「蝴蝶酥」的甜品；剛好想家，又驚又喜，面對店員語無倫次，索性給她一個帶著熱淚的擁抱。在我——和許多上海人——的認識中，蝴蝶酥是上海土產，是上海國際飯店的金牌點心，是酥鬆緊密的鄉愁，是層層細細的回憶。對方也驚訝：這是典型的法國甜品，為什麼會被一個中國女孩認為是她故鄉的特色？

購於牛津Raymond Blanc店的蝴蝶酥。

1 威廉・伯恩曾師從大英博物館的設計師羅伯特・斯默克爵士（Sir Robert Smirke）；在他的設計下，現代美術館呈新古典主義風格。

這則資訊猶如青天霹靂，一時仍不承認蝴蝶酥居然不是上海本土貨、至少是上海人在租界時期改良某種法式甜點而來。但回去網上一查，果然，原版的法國蝴蝶酥（palmier）就是我記憶中的樣子，上海人並沒有進行多大改良，更別說是發明。悵然失落。

全球化的今天，在東方吃到法國甜品並不稀奇；稀奇的是把它認作自家特產。雖然知道它的名字應該是palmier，我依然稱它為蝴蝶酥。

後來在英國的那幾年，凡是見到麵包店有蝴蝶酥，總會叫一份。有不少甜品店都做得出色，比如法國傳奇大廚布朗克（Raymond Blanc）在牛津開設的咖啡館Maison Blanc；但在我心中，我記憶中上海國際飯店的蝴蝶酥始終獨占鰲頭，無可替代，哪怕我已經忘了它現實中的滋味。

蝴蝶酥的關鍵詞

palmier是法語「棕櫚樹」的意思，因為它兩頭捲曲舒展的樣子，像棕櫚樹末端樹冠打開的形狀。儘管有個法文名字，許多人認為它發明於二十世紀初的維也納。認識蝴蝶酥，可以從以下幾個關鍵詞入手：

關鍵詞之一：千層麵團（Laminated dough）

蝴蝶酥由多層酥皮（filo）壓緊多層黃油烘烤，刷上焦糖，點綴白糖，濃郁香甜，有緊緻而酥脆的特別口感。這種多層壓緊的麵團叫laminated dough，有些可以包括八十層之多。麵團開始只用麵粉和水混合，塗上黃油後用麵團刮刀（pastry scraper）摺疊、再用擀麵杖（rolling pin）擀得扁平，再摺疊，重複多次。在千層酥皮上刷一層清水，待酥皮表面產生黏性後撒粗粒白砂糖。沿著長邊，將千層酥皮從兩邊向中心線捲起來，切成厚度為半公分左右的小片，排入烤盤。烘烤時麵團中的水分受高溫迅速蒸發，在麵層壓力下形成酥脆的層次。可頌麵包、丹麥卷等酥皮點心使用這種千層麵團，只是製作方法稍有不同，譬如蝴蝶酥不發酵，因此與可頌蓬鬆的口感不同。它的緊緻好像是香甜的任性。

關鍵詞之二：鄂圖曼土耳其帝國

雖然誕生在歐洲，也總是與法式烘焙聯繫在一起，但這種酥皮點心的源頭其實與阿拉伯文化有關。與其相似的中東酥皮點心有baklava，源自鄂圖曼土耳其帝國，由酥皮、果仁、蜜糖製成，小巧香甜，中文常譯作果仁酥、果仁蜜餅等。這種點心的關鍵用料也是千層酥皮，其製法也源自土耳其。在中世紀的土耳其牧民中，多層麵包（當時被稱為*tutmac*）是常見的主食，一說是因為免於發酵而省了時間，又能捲起來攜帶，適應游牧生活。十一世紀的突厥語中曾記錄

伊斯坦堡港口[Yeni Cami mosque and Eminönü bazaar, Constantinople, Turkey] Date Created/Published: [between ca. 1890 and ca. 1900]（美國國會圖書館藏）。http://hdl.loc.gov/loc.pnp/ppmsca.03047

托普卡匹皇宮外，伊斯坦堡復興已經有五百年歷史的Baklava Regiment，2016年舉行的活動上兵團儀仗隊向市民和遊客發放了兩萬盒果仁酥。來源：上圖取自 http://www.ensonhaber.com/fatih-belediyesinden-baklava-alayi-2016-06-20.html，下圖為作者自攝。

*yuygha*這個詞，指摺疊層次的麵包，在現代土耳其語中*yufka*一詞相連，意為「單層文件」。在中亞，這類千層酥甜品層出不窮，譬如阿塞拜疆就有一種叫*Baki pakhlavasi*的甜品，用上五十層左右的酥皮。

據說這種酥皮實發明於如今伊斯坦堡的托普卡匹皇宮（Topkapı Palace）的御用廚房內。相傳蘇丹親兵（Janissaries）[2]在伊斯坦堡駐紮時也曾排隊討要baklava，然後再行軍，而他們行軍的列隊也被稱為果仁酥列隊（baklava psrocession）。每到開齋節領軍餉的時候，皇宮也會向蘇丹親兵分發這種果仁酥。

關鍵詞之三：摩爾人

那麼，這種傳奇的中東甜品是怎麼被帶到歐洲的呢？中世紀早期，來自北非的穆斯林擴張至歐洲的時候將他們的甜品帶到了伊比利半島。《牛津糖果甜食指南》（*The Oxford Companion to Sugar and Sweets*）記錄到，摩爾人於八世紀起占領西班牙和九世紀占領西西里時，將穆斯林世界對甜味的喜好帶到了歐洲（包括甘蔗）。十三世紀的一位無名摩爾廚師留下一則食譜，其中記載了酥皮的製法，用的是阿拉伯名字*muwarraqa*以及西班牙文*folyatil*，兩者都是葉片狀的意思。也就是說，在歐洲流行的酥皮點心共通基督教歐洲和穆斯林文化的淵源。

另一方面，一四三三年勃艮地間諜及朝聖者貝特朗東（Bertrandon de la Broquière, 1400-1459）在土耳其南部的山中受到禮遇，對方提供給他的食物中就包括優酪乳、乳酪、葡萄和千層酥。他們製作千層之神速令貝特朗東咋舌，他說道：「他們做兩枚『蛋糕』的速度比我們的華夫餅師傅攤一枚華夫餅都快。」

儘管許多記載中都對蝴蝶酥的源頭不由一是，但因為現代法國的千層酥甜品（pâte feuilletée）出名（比如填滿奶油的拿破崙〔mille-feuille〕），蝴蝶酥被認為是源自法國的甜品也不足為奇。這段酥皮的香甜歷史，提醒我們歷史的全球性：哪怕今天

---

2 蘇丹親兵，又稱耶尼切里軍團、土耳其禁衛軍等，鄂圖曼土耳其帝國的常備軍隊與蘇丹侍衛的統稱，繼羅馬帝國滅亡後在該地區建立的第一支正式常備軍。士兵選自被征服的巴爾幹斯拉夫人，使其改信伊斯蘭教並學習土耳其語。到了塞利姆二世時代，幾乎成為定制，職位傳子，紀律敗壞。到了穆拉德三世時代，為了慶祝王子的割禮，人人皆可參軍，至此完全喪失戰鬥力，在一六八三年穆罕默德四世時期允許土耳其突厥穆斯林也可參軍。到十九世紀，由蘇丹馬哈茂德二世在一八二六年發動兵變廢棄此制度。

看似在意識形態上正逢相對的兩種文化，也曾經交融貫通，甚至留下甜蜜的註腳。

國際飯店

那麼蝴蝶酥是如何得名，又如何與上海人的記憶相連的呢？這與上海的地標性建築國際飯店有關。

國際飯店原為四行儲蓄會。一九二二年七月十一日，大陸銀行加入到鹽業銀行、金城銀行和中南銀行共同組成的三行聯合營業事務所，三行聯營擴大為四行聯營，欲

一九三四年竣工的國際飯店，前面是上海跑馬場，照片左側有Grand Theatr字樣的是同為鄔達克設計的大光明電影院。來源：*Hungarian Review* Vol.Ⅲ, No.4。

組成貼近平民的金融組織[3]。一九三〇年，四行儲蓄會以四十五萬兩白銀的代價購進位於上海市中心跑馬廳對面的派克路（Park Road，今黃河路）上二畝七分多的一塊地皮，準備建造樓房，並將設在外灘的四行儲蓄會總管理處搬過來，命名四行大廈。四行大廈自一九三二年五月動工至一九三四年八月完工，歷時三年零四個月，耗資（包括地價）四百二十萬元。地面二十二層，地下兩層，共二十四層，高八十三．八公尺。

四行儲蓄會原意只造大廈，建成後除自用房外全部出租，並在國內外登啟事招人承辦；無奈尋租失敗，遂於一九三三年三月決定創辦國際大飯店股份有限公司，並集資八十萬元。最初英文名同於中文名，後來採納一位外國經理的建議，因其當時門前的路為派克路，便將飯店英文名定為Park Hotel。

3 在它成立之前，中國境內，比較著名的以儲蓄會命名的金融機構共有兩家：其中一家為萬國儲蓄會，成立於一九一一年，為法國人所創辦，在上海法國領事館註冊；另一家為中法儲蓄會，創辦於一九一八年，原為中法合資，在天津法國領署註冊及中國政府備案。一九二六年改組為中國股份有限公司。http://www.archives.sh.cn/slyj/shyj/201203/t20120313_5674.html，檢閱日期二〇一六年九月二十日。

國際飯店由匈牙利設計師鄔達克（László Hudec, 1893-1958）設計。運用當時時興的鋼框架結構和鋼筋混凝土樓板，外觀簡潔而層層遞進，深褐色夾金，模仿紐約暖爐大樓（American Radiator Building），是典型的現代裝飾藝術風格（Art Deco）。八十三．八公尺高度在如今看來並不突出，但在二十世紀初，國際飯店不僅是上海最高的建築，更有「遠東第一高樓」的美譽[4]。同時，國際飯店俯瞰上海跑馬總會，視野開闊。這座建築被認為是上海的經典建築符號，鄔達克本人也被認為是上海的一則傳奇。

鄔達克畢業於皇家約瑟夫大學（Royal Joseph University，現布達佩斯科技經濟大學）[5]建築系，但剛畢業就遇上一戰爆發。為國參軍的他被沙俄軍隊俘虜，並送

1911年在奧匈帝國的鄔達克。
© 匈牙利鄔達克文化基金會（Hudec Cultural Foundation Hungary）

去西伯利亞戰俘營。相傳在轉送途經中國邊境時他跳下火車，輾轉逃至上海，加入了一家美國建築師公司克里洋行（R.A. Curry）。從美商克里洋行的繪圖員做起，很快就嶄露頭角。一九二五年鄔達克自立門戶，成為上海灘著名的建築設計師。如今他的設計中，沐恩堂、國際飯店、大光明電影院等一系列都是上海市立保護建築，也是現代建築史上的標誌，其中當屬國際飯店最為聞名。

國際飯店的現代風格有別於同時代的殖民式建築，其中區別不但是建築風格上的，更是文化態度上的。在克里洋行時期，出於考慮美國客戶需要，鄔達克的設計偏於古典復興主義，譬如喬治風格的美國總會（American club, 1924）、校園哥德式（collegiate gothic）的中西女中（McIntyre School for Girls，現市三女中）和沐恩堂（Moore Memorial Church）。獨立開辦設計所後，鄔達克開始大力推行現代主義，暫別古典復興主義，轉向裝飾主義，以直線縱橫和玻璃尖頂為標誌。相對於一

4 日本直到一九六八年才有高於國際飯店的建築，即位於東京的霞關大樓。

5 前身為匈牙利大學，一六三五年由匈牙利主教設立，十九世紀時與約瑟夫理工學院合併，後命名皇家約瑟夫大學，一九四九年命名為布達佩斯科技大學，二〇〇〇年正式改名為布達佩斯科技經濟大學。

一戰時期被俘的鄔達克與獄友們於1917年在俄國合照，照片反面是他寄給在匈牙利的家人的手寫明信片。

© 匈牙利鄔達克文化基金會（Hudec Cultural Foundation Hungary）

九三〇年代美國大蕭條時期風行的浮華裝飾，國際飯店的簡潔大氣更偏向於歐洲現代主義：底部三層以黑色的磨光花崗岩為飾面，三至二十二層則以深褐色面磚精心拼砌成富有韻律感的花紋。整座大樓的體型強調垂直線條，並採用十五層以上層層收進成階梯狀的手法。這與鄔達克的歐洲背景不可分離。鄔達克的父親也是匈牙利著名的現代主義建築師，因此，鄔達克的現代主義轉變並不來之突然。

早期的美國設計所和美國客戶更希望復興歐洲古典風格，而對鄔達克這樣的歐洲人而言，早有與舊帝國分離的思潮，反對歷史化的西方主義。在建築中希望表現的，是舊秩序崩潰的激烈現實，反對將西方浪漫化。換言之，鄔達克設計的架構在建築上留下了現代主義思想發展軌跡。而在當時

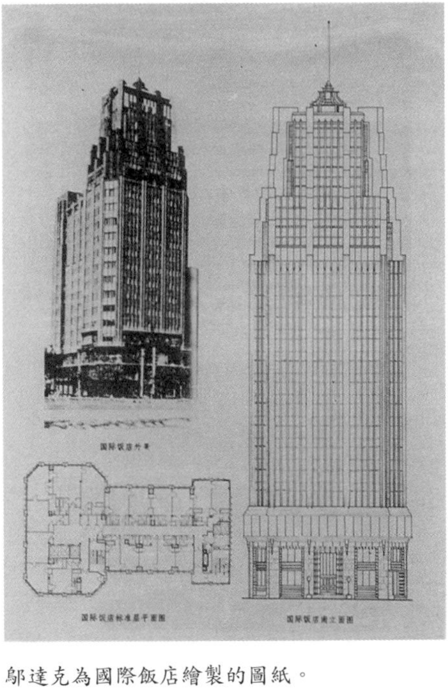

鄔達克為國際飯店繪製的圖紙。
來源：https://u.osu.edu/mclc/bibliographies/image-archive/republican-art/。

的中國，對自我的反省恰恰是以區分（或建立）中西之別為基礎的：知識分子對體制與文化的反思結果是反對儒家傳統，熱中於啟蒙思潮，其中進步、理性和世界主義。在這樣的現代主義設計中，西方／中國，進步／保守這樣的二元論變得界限模糊。上海這樣一座城市，在所謂半殖民的曖昧語境之中，提供了建造新典範的可能性。建築不同於文學，沒有語言的局限，能夠表現文化融合而不至於受到表達方式上的羈絆。

據說當年十多歲的貝聿銘，在第一眼看到建造中的國際飯店之後，就決意要做

1940年的國際飯店廣告，來源：https://www.periodpaper.com/products/1940-ad-vintage-park-hotel-nanjing-road-shanghai-china-building-chinese-goe1-238607-goe1-082。

一名建築設計師，而不是父母期望的銀行家。四十年後貝聿銘回憶道：「在檯球廳和電影院旁邊是一座正在施工的大樓，人家說這幢樓要造二十四層，可我就是不相信。你想像一下，周圍的樓都只有五、六、七、八層，而這幢要有二十四層！所以每到週末我就去看它慢慢升高。」少年夢想終於實現，貝聿銘本人也被譽為現代主義建築的最後一位大師。當年對通身現代派的國際飯店所表現出的興趣，很難被認為是偶然。

而食物則更是融匯和傳遞文化訊息的媒介。美好的食物之所以令人回味，是因為它觸動了深層感官，以至於滋味從唇齒流連一直到心田留戀。當年國際飯店的地下二層由四行儲蓄會自用（包括保險庫等）；二樓「豐澤樓」經營滬上少見的京菜；三樓「孔雀廳」是簡易西餐和咖啡；四至十二樓為客房；十四樓「雲樓」乃大型西餐廳，半個樓面的玻璃屋頂可以移動開啟——一直到二十世紀九〇年代，國際飯店依然保留一樓中餐，樓上西餐的習慣。國際飯店的法式西菜正宗，因為請的是法國廚師；據載陳設和餐具也極其考究，刀叉和羹匙都是銀質的，器皿都是英國瓷器。餐桌都放在西南的長窗邊，就餐者俯視下邊的景物。幾場戰爭、政權交接之後，法國廚師陸續離開上海，但手藝得以傳承至今。戰時無法繼續培訓徒弟，一九八〇年代初上海重新評定「名廚」時，大部分西點師傅年事已高，國際飯店的西點房在當時百廢待興的市場上更顯彌足珍貴。蝴蝶酥本來不過是飯店法式點心中的一類，後來反而成了招牌。

蝴蝶酥的原料很簡單，關鍵是獨特製作配方與獨家製作技藝。如今國際飯店的西點師傅稱「我們的蝴蝶酥，講究的是黃油與麵粉的配重比例，而且選用的是進口黃油。」此外，極其道地的起酥功夫也很關鍵，大廚宣稱經過數次盤疊滾壓，每隻蝴

國際飯店的蝴蝶酥。

蝶酥的酥皮都足足有二百五十六層，才能做到香甜濃郁，吃口酥脆，放置數日不變味。今天的國際飯店蝴蝶酥將配方保密，與可口可樂相比；開業八十年來，蝴蝶酥的配方沒換過。

上海的金枝玉葉：文化的記憶與傳承

在戰亂和文革中配方是否失傳？不得而知。

但我們知道文革期間，國際飯店一度被改名為「亞非拉飯店」，兩百多間客房及禮堂、客廳、休息室都被迫掛上毛澤東主席像，四周張貼毛主席語錄。據說當時從北京來到上海的

國際飯店外排隊購買蝴蝶酥的人群。

紅衛兵在國際飯店的大門上貼出「老子英雄兒好漢，老子反動兒混蛋」的對聯，橫聯是「基本如此」。在上海女作家陳丹燕描寫上海名媛、百貨千金郭婉瑩的作品《上海的金枝玉葉》中，女主人公曾在文革中因為隨口一句要去國際飯店買麵包，而遭掃帚一頓毒打。在那個時候依然想到去買麵包，而且一定要去國際飯店買，除了郭婉瑩本人讓人忍俊不禁的天真，也可見國際飯店麵包房的獨特地位。

而這一切，都被默默隱去，今天的國際飯店只著重於一九四九年之前的風華，大家也都只認八十年來未曾改變的口味。一樓的外賣窗口被稱為「秘密通道」（secret passage），本地人為了買國際飯店的蝴蝶酥經常要起大早守在西餅屋門口等開門。

人們更願意記得它所包容的二十世紀風雲：一九三五年二月，梅蘭芳和蝴蝶分別在這裡舉辦了告別晚會；一九三七年五月十九日，國際飯店十五樓的套房裡，宋美齡、宋靄齡第一次撥通與羅斯福總統夫人的長途電話。一直到今天，國際飯店在上海人心目中的地位似乎從未被打斷；它依然是遠東第一高樓，依然是雄心壯志和世界精神的代表。哪怕它的設計師並非上海人、甚至不是華裔，鄔達克這個名字也是家喻戶曉，提起時總是帶著自己人的親切和自豪。

那些流離失所、腳踏實地和野心勃勃，都被本土回憶的一部分；似乎是一種對官方認可的文化同質性的反抗，也是城市居民尋找自己文化認同的態度。更有趣的是，上海的中心原點就在國際飯店。因其建築高度等為上海地區之最，酒店又享譽海內外，因此一九五〇年十一月，為了統一上海市的平面坐標，市地政局對全市進行三角測量，以國際飯店樓頂的中心旗桿為平面坐標，而確定了上海的「零」位置，在底層大堂豎起一公尺高的標誌柱。一個年輕、野心勃勃的歐洲人希望將新舊大陸的融匯點建立在遠東，一個年少癡神的貝聿銘最終在新世界繪製天地；再後來，一個希望重建秩序的時代……一切回到原點。

在更久遠、需要更多想像多過回憶的中世紀，穆斯林精兵的鐵騎橫掃伊比利半島，也留下豐富而糾葛的文化交融，包括「安達魯西亞」這個源自阿拉伯語的西班牙名稱本身。palmier傳到異國他鄉被記作蝴蝶酥，一個帶著幾代人美好回憶的名字，在某些最黑暗的時刻依然溫暖著他們。橘逾淮而枳，枳在異國他鄉也有了自己的歷史，難以判斷哪一種口味才是正宗的，哪一段歷史不是同樣鄭重多情。

從阿拉伯化的歐洲到歐洲化的遠東。社會學家彼得．伯格（Peter Berger）與托馬斯．盧克曼（Thomas Luckmann）認為文化記憶只有一小部分存在於個體意識中，大部分都在於外部實體和共同知識中——食物也是保存記憶的外部實體和共同知識之一。在不斷的創造中，在不斷的烹飪、烘焙、享用中，抑或在食物稀缺時的回憶中，從舌尖涓涓心頭，從一座島嶼抵達另一座。

國際飯店內測繪原點。

參考書目

〈小小蝴蝶酥如何掀起蝴蝶效應〉，《上海政務》，http://shzw.eastday.com/shzw/G/20130422/u1ai103550.html，檢閱日期：二〇一六年九月二十日。

〈黃浦區的保護建築〉，http://www.360doc.com/content/16/0716/05/15398581_575855265.shtml，檢閱日期：二〇一六年九月二十日。

上海檔案資訊網，http://www.archives.sh.cn/shjy/scbq/201203/t20120313_5980.html，檢閱日期：二〇一六年九月二十日。

木心，〈上海賦〉，見木心，《哥倫比亞的倒影》，桂林：廣西師範大學出版社，二〇〇六。

王俊彥，《白俄中國大逃亡紀實》，北京：中國文史出版社，二〇〇二。

西坡，〈凱司令〉，http://news.163.com/11/0505/15/73A6B4N200014AED.html，檢閱日期：二〇一六年八月二十五日。

李芹，〈上海以國際飯店為原點　確定上海城市平面坐標系〉，《新聞晨報》，http://sh.sina.com.cn/news/m/2016-04-23/detail-ifxrpvea1121505.shtml，檢閱日期：二〇一六年九月二十日。

李婷，〈作家薛理勇解讀鄔達克的上海建築〉，http://www.360doc.com/content/13/0118/12/739691_260890384.shtml，檢閱日期：二〇一六年九月二十日。

李歐梵，〈always on sunday——遲暮的佳人：談《色，戒》中的老上海形象〉，《蘋果日報》，二〇〇七年十二月三十日，http://hk.apple.nextmedia.com/news/art/20071230/10586266，檢閱日期：二〇一六年八月二十五日。

東方網歷史頻道，http://history.eastday.com/h/shlpp/u1a7939058.html，檢閱日期：二〇一六年十一月七日。

張愛玲，〈談吃與畫餅充饑〉。

陳子善，〈閒話別發印書館〉，《蘋果日報》，二〇一三年十月十三日，http://hk.apple.nextmedia.com/supplement/apple/art/20131013/18461262，檢閱日期：二〇一七年一月十五日。

程乃珊部落格，http://blog.sina.com.cn/s/blog_4aba21610102dygo.html，檢閱日期：二〇一六年八月二十五日。

費成康，《中國租界史》，上海：上海社會科學出版社，一九九二。

賈冬婷，魏一平，〈上海，張愛玲與鄭蘋如的命運交叉〉，《三聯生活週刊》，二〇〇七年第三十六期，http://www.lifeweek.com.cn/2007/0918/19649.shtml，檢閱日期：二〇一六年八月二十五日。

薛理勇，《上海掌故辭典》，上海：上海辭書出版社，一九九九。

顧學文，〈貝聿銘：在文化縫隙中優雅擺渡〉，《解放日報》，二〇一一年九月二日，http://newspaper.jfdaily.com/jfrb/html/2011-09/02/content_647421.htm，檢閱日期：二〇一七年一月九日。

Tasting old Shanghai," http://shanghailander.net/2010/11/tasting-old-shanghai/，檢閱日期：二〇一七年一月九日。

Bickers, Robert and Isabella Jackson, eds. *Treaty Ports in Modern China: Law, Land, And Power*. London: Routledge, 2016.

Cosentino, Francesco. *Shanghai from Modernism To Modernity*. CreateSpace Independent Publishing Platform, 2013.

Davidson, Alan and Tom Jaine. *Oxford Companion to Food*. Oxford: Oxford University Press, 2014.

French, Paul. China Rhyming: A gallimaufry of random China history and research interests，檢閱日期：二〇一七年一月十七日。

Goldstein, Darra, ed. *Oxford Companion to Sugar and Sweets*. Oxford: Oxford University Press, 2015.

Hershatter, Gail. "The Hierarchy of Shanghai Prostitution, 1870-1949," *Modern China* 15: 4 (October 1989): 463-498.

Hietkamp, Lenore. *Laszlo Hudec and The Park Hotel in Shanghai*. Shawnigan Lakes, BC: Diamond River Books, 2012.

Hudec, László Ede. *My Autobiography*. http://www.hudecproject.com/files/Hudec_Autobio_1941_Eng_short.pdf，檢閱日期：二〇一七年一月二十日。

Irwin, James. "The Ghosts of Russia That Haunt Shanghai," *The New York Times*, September 21,

1999.

Jonney, "Must Try: The Park Hotel's Heavenly Palmiers," http://www.cityweekend.com.cn/shanghai/article/must-try-park-hotels-heavenly-palmiers，檢閱日期：二〇一七年一月九日。

Newham, Fraser. "The White Russians of Shanghai," *History Today* 55: 12 (December 2005): 20-27.

Ristaino, Marcia. *Port of Last Resort The Diaspora Communities of Shanghai*. Palo Alto, CA: Stanford University Press, 2002.

__________. *The Jacquinot Safe Zone: Wartime Refugees in Shanghai*. Palo Alto, CA: Stanford University Press, 2008.

Sanderson, Matthew R., Ben Derudder, Michael Timberlake, and FrankWitlox, "Are World Cities also World Immigrant Cities? A Cross-City, International Analysis of Global Centrality and Immigration," *International Journal of Comparative Sociology*, 56: 3-4 (2015): 173-197.

Schaufuss, Tatiana. "The White Russian Refugees," *The Annals of the American Academy of Political and Social Science*, Vol. 203, Refugees (May, 1939), pp. 45-54.

See, Lisa. *Shanghai Girls*. New York: Random House, 2010.

Shepter, Joe. "Betrayals and White Russian mercenaries settled the future of Shanghai in Jan 1924," *Military History* 22 (May 2005): 70-73.

Shi, Yaohua. "Reconstructing Modernism: The Shifting Narratives of Chinese Modernist Architecture,"

Modern Chinese Literature and Culture 18: 1, Special Issue on China’s Modernism (Spring 2006): 30-84.

Swislocki, Mark. *Culinary Nostalgia: Regional Food Culture and Urban Experience in Shanghai*. Redwood City, CA: Stanford University Press, 2008.

Wang, Haochen, “Citizens of no State: Daily Life of Shanghai White Russians, 1920s-1930s,” *Primary Source* 5: 1 (2013): 30-34.

Warr, Anne. *Shanghai Architecture*. San Francisco, CA: The Watermark Press, 2007.

Wasserstrom, Jeff. *Global Shanghai, 1850-2010 : A History in Fragments*. London : Routledge, 2009.

Yeh, Wen-hsin. *Provincial Passengers: Space, and the Origin of Chinese Communism*. Berkley, Los Angeles and London: University of California Press, 1996.

紐約——戍守他鄉的台灣人

蜀湘園 EMPIRE SZECHUAN
EMPIRE
SZECHUAN GOURMENT
2574

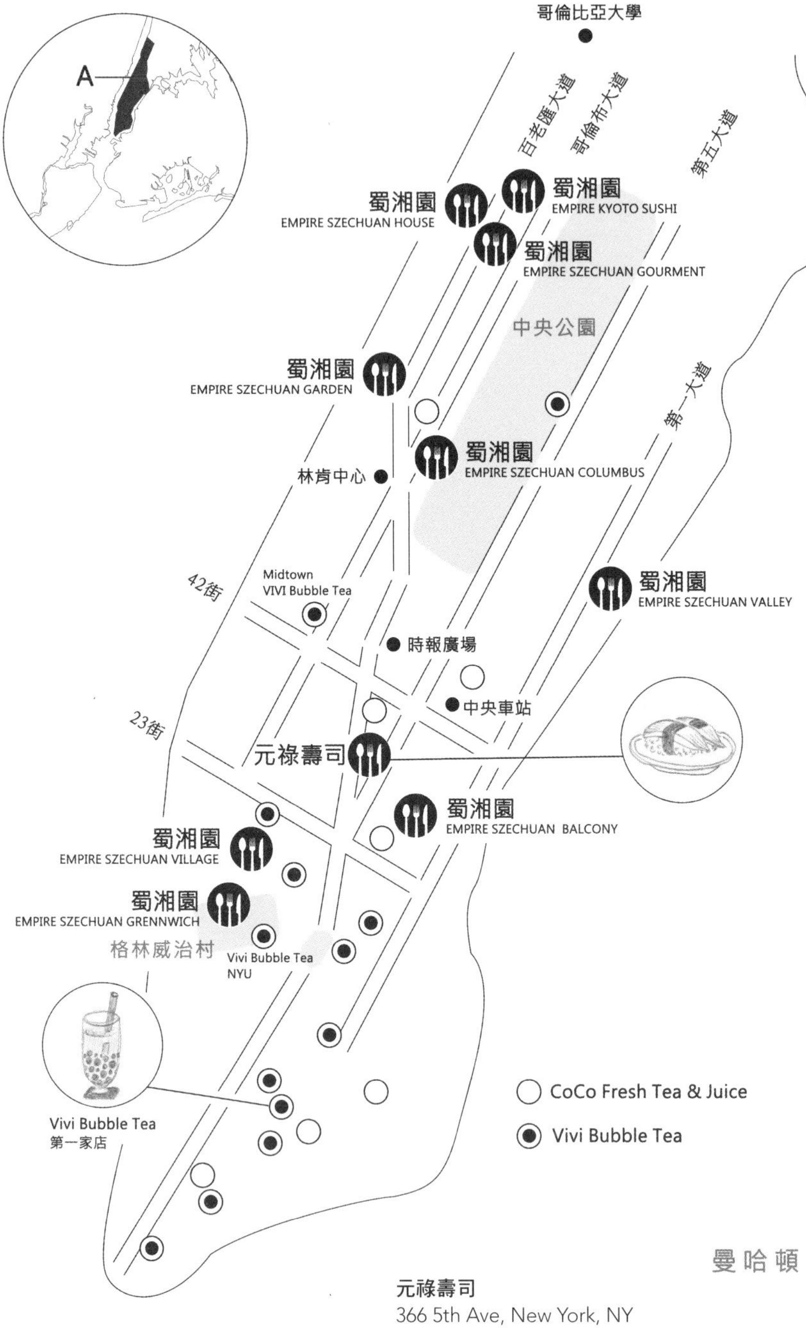

ViVi bubble tea（第一家店）
49 Bayard St, New York, NY

紅葉餐廳
136-11 38th Ave, Flushing, NY

元祿壽司
366 5th Ave, New York, NY

去啃
5401 8th Ave, Brooklyn, NY

快可立（第一家店）
39-22 Main Street, Queens, NY

將軍22
166 US-22, Green Brook Township, NJ

將軍27
3376 NJ-27, Kendall Park, NJ

將軍傳奇（Shogun Legends）
1969 NJ-34, Wall Township, NJ

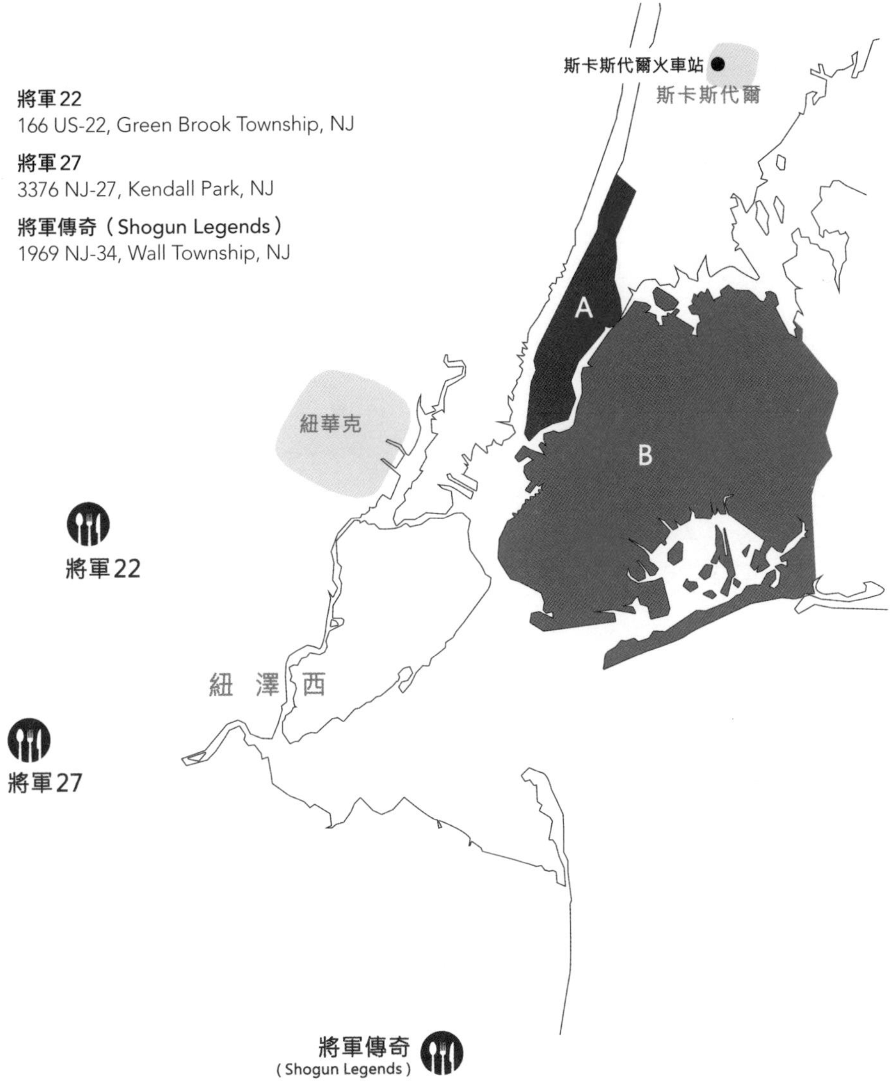

蜀湘園集團
蜀湘園 EMPIRE KYOTO SUSHI (2642 Broadway Ave, New York)
蜀湘園 EMPIRE SZECHUAN BALCONY (381 3rd Ave, New York)
蜀湘園 EMPIRE SZECHUAN COLUMBUS (193 Columbus Ave, New York)
蜀湘園 EMPIRE SZECHUAN GARDEN (251 W 72nd St, New York)
蜀湘園 EMPIRE SZECHUAN GOURMENT (2574 Broadway Ave, New York)
蜀湘園 EMPIRE SZECHUAN GRENNWICH (15 Greenwich Ave, New York)
蜀湘園 EMPIRE SZECHUAN HOUSE (2581 Broadway Ave, New York)
蜀湘園 EMPIRE SZECHUAN VALLEY (1194 1st Ave, New York)
蜀湘園 EMPIRE SZECHUANVILLAGE (173 7th Ave, New York)

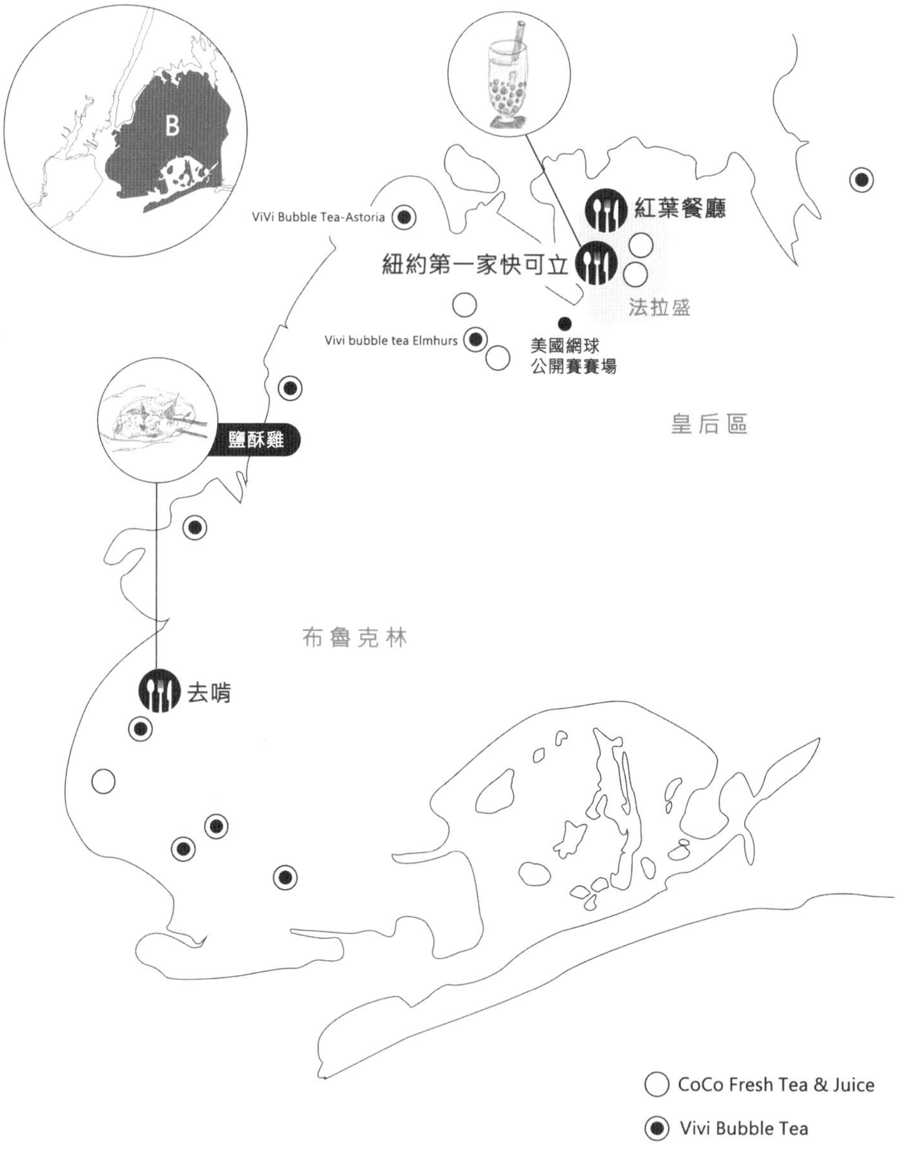
B
ViVi Bubble Tea-Astoria
紅葉餐廳
紐約第一家快可立
法拉盛
Vivi bubble tea Elmhurs
美國網球
公開賽賽場
皇后區
鹽酥雞
布魯克林
去啃
CoCo Fresh Tea & Juice
Vivi Bubble Tea

歷史學家進廚房：紐約李正三與郭正昭的故事

紐約元祿壽司與未竟的歷史學研究

一九六〇年代末至七〇年代初期，台灣社會逐漸擺脫保守苦悶的政治氣氛，經濟也開始發展前進。一心想成為歷史學家的李正三接連遇到幾位貴人，包括中研院近史所所長郭廷以先生以及匹茲堡大學的楊慶坤教授，透過他們的鼓勵及協助，他終於在一九六八年前往匹茲堡大學深造。四年後，從台大歷史系畢業且在中研院近史所服務多年的郭正昭也申請到了匹茲堡大學的獎學金。他們前後提著幾箱斑駁行李赴美，展開在美利堅一段未知的奮鬥人生，倘若經過幾年寒窗苦讀，兩位極可能成為美國學界研究東亞歷史的傑出學者。

一九七三年是李正三與郭正昭人生的重大轉折點。這一年郭正昭邀請原籍苗栗的表哥台籍日人陳金鐘夫婦到紐約觀光，偶然機會下巧遇李正三。

陳金鐘在台灣原本以蒐集舊物品賣到日本為生，後來在日本餐飲界發跡，進而代理「元祿壽司」的經營權。「元祿壽司」創辦人白石義明，受到啤酒廠內啤酒運輸帶啟發創立「迴轉式壽司」消費方式，在一九五八年於大阪正式成立「元祿壽司」，陳金鐘即是以專業認真的工作態度取得白石的信任而取得經營權代理的資格。

陳金鐘期盼能將「元祿壽司」擴展至海外，紐約就是他的首選。儘管一九七〇年代的紐約恰恰是經濟蕭條與高犯罪率的最佳寫照，從曼哈頓華埠往上走去，幾個街角就會見到皮條客、阻街女郎以及毒販三三兩兩地找尋顧客交易。不過難得來到紐約的陳金鐘，仍興致勃勃地與表弟郭正昭討論著把日本料理與迴轉壽司引入紐約。

當時李正三剛剛結束匹茲堡大學的碩士學位，正在惶恐人生道路應該何去何從，是應該繼續攻讀博士呢？還是棄文從商？他白天在餐館打工洗盤子，晚上回家養育嗷嗷待哺的兩個兒子，已經感受到龐大的經濟壓力。此時，在紐約街頭巧遇舊識郭正昭，又聽聞陳、郭二人在海外開店的計畫，就毅然決定加入他們的工作團隊。

日本商社正規訓練的社長陳金鐘對開店一事相當慎重，除了與郭正昭以及李正三兩人經常商談了解美國以及紐約的商業法規外，他也積極了解曼哈頓的房租價錢、顧客潛在流量、專業師傅聘請以及魚貨是否新鮮等議題。眼光精準的陳金鐘看中坐落在曼哈頓第五大道帝國大廈附近，在三十四街和三十五街之間的一家店鋪，之後吆喝李正三與郭正昭兩人手拿「人數計時器」站在預定店家兩側計算一分鐘、十

陳金鐘，郭正昭與李正三（由左至右）攝於紐約曼哈頓中城元祿壽司店前。

分鐘、甚至一小時有多少人經過，作為店家開業參考。這兩位過去熟讀中國史且長期坐在研究室的年輕學者對此感到相當新鮮，看到帝國大廈前人來人往的各色景象，似乎已逐漸忘記書本內沉重的中國近代史了！

經過一年左右的觀察與籌備，陳金鐘終於決定正式把「元祿壽司」的經營戰線從日本拉到海外，紐約即是海外第一站，也是日本「元祿壽司」的第八十六家店鋪。一九七四年七月四日美國國慶日當天，紐約「元祿壽司」正式開幕！前三年的資金由陳金鐘一人獨資，由李正三擔任經理，郭錫玉擔任會計。開業後陳金鐘返回日本，將店放手交給郭正昭夫婦與李正三夫婦全權經營。經過三年的詳細觀察，社長陳金鐘對李正三擔任經理一職表現出的認真、盡責以及肯吃苦的工作態度印象深刻，覺得他遠遠超過日本本土的連鎖店經理。此外，郭正昭與郭錫玉夫妻對元祿壽司的經營也投入相當多的心血。仔細考慮後，陳金鐘正式邀請李正三與郭正昭夫婦各自投入三分之一的資金，一起合股經營。

有鑑於一九七〇年代壽司料理在紐約相當罕見，陳金鐘特地從日本聘請專業壽司師傅來紐約指導郭正昭與李正三等人如何採買新鮮魚類、壽司製作的衛生與保存，以及油炸天婦羅的秘訣。日本師傅通常一大早就帶李正三等人到曼哈頓下城東河旁的富頓市場（Fulton Fish Market）採購新鮮魚類，教導台灣員工注意眼睛雪亮以及魚肉富有彈性，也要留意賣魚店家是否有恰當的冷藏設施。待新鮮魚類送到店家後，日本師傅以雪亮的壽司刀將整塊魚切成小片，之後再以醋飯製成一盤三片的「迴轉壽司」上架。台灣飲食受到日本影響甚深，郭、李二人在台灣時也嘗過日本料理，但第一次看到日本壽司師傅，選魚到製作壽司的專業與敬業精神，仍不免又是敬重又感稀奇。

紐約的「元祿壽司」在食材準備上仿製日本，但也發展出自己的飲食特色，例如旋轉帶上跑的壽司一盤有三塊壽司，售價含稅是美金七十五分，價錢在當時紐約不算昂貴。還有天婦羅與唐揚（炸雞）可供選擇。但為了因應台灣與外國顧客，紐約「元祿壽司」在菜單上增加了中式炒飯、炒麵與炒米粉，甚至引進台灣人愛吃的「菜脯飯」，可惜紐約顧客對此味興趣缺缺。

當時「元祿壽司」作為紐約第一家迴轉壽司，雖然只是一間小小店面，卻為紐約客帶來雙重的驚喜。第一層驚喜是紐約客第一次看到像火車般的食物盤在自己面前跑動，顧客可以任意索取喜愛的食物消費，感覺十分有趣！第二層驚喜是不少紐約客第一次品嘗到日本飲食文化的精髓——壽司與生魚片。今天日本料理在紐約以及世界不少大城市均屬於非常高檔的餐飲，但四十年前的紐約對日本料理依舊陌生，尤其是生魚片，許多人對此不敢嘗試，甚至認為這是給野蠻人吃的食物。不過紐約畢竟是大都會，而且嘗鮮是身為紐約客的重要元素，不到幾年時間，壽司與生魚片逐漸受到紐約客喜愛，穩定的客源也讓元祿壽司的生意步上軌道。

一九八〇年代後台灣開放觀光，來到紐約的台灣遊客均耳聞帝國大廈旁就有一家台灣人經營的「元祿壽司」，一批接著一批從紐約甘迺迪機場出來的台灣旅客就是元祿壽司最忠實的顧客，特別是在異鄉嘗到米飯與醬油味道後，那份感動心情難以言說呀！

一九八〇年代之後元祿壽司面臨諸多挑戰，第一個挑戰是曼哈頓中城的台灣人減少，此時韓國人大量增加，中國移民開始來到紐約，韓國與中國移民眼見壽司生意獲益不錯，紛紛投入經營，元祿壽司自然受到影響。第二個挑戰是曼哈頓的猶太房東提高數倍店租，讓元祿壽司不但獲利有限還要承擔相當大的經濟壓力。幾經慎重考慮後，李正三與郭正昭決定把元祿轉售給日本麒麟啤酒商社經營，於一九八七年正式結束營業十三年的元祿壽司。十幾年的光陰下來，李正三與郭正昭兩人已經深諳日本料理的經營知識，加上當時美國社會對日本文化懷有高度興趣，兩人均認為日本料理是一項值得投資與經營的事業，因此選擇在曼哈頓以外（當地房租太貴）的地方繼續經營日本餐館。

一九八二年郭正昭與太太郭錫玉知道紐約威斯特徹斯特（Westchester）內的斯卡斯代爾（Scarsdale）有不少日本移民以及猶太人居住，是大紐約相當高級的居住社區[1]，因此決定在此開設一家日式餐館並以「櫻花」（Sakura）命名。除了日本料理外，餐廳也兼賣中餐與亞洲餐點，希望招攬更多客源。值得一提的是，郭正昭商請紐約著名室內設計師同時也是法拉盛「紅葉餐館」老闆呂明森親自設計「櫻

1 紐約的日本移民最早居住在皇后區的法拉盛（Flushing），因為當地交通便利，有七號地鐵與長島快速道路到達曼哈頓中城，後來因為水質與其他問題開始搬離法拉盛而來到紐澤西的利堡（Fort Lee）與紐約上州的威斯特徹斯特。之後台灣移民遷入，遂有「小台北」之稱。一九九〇年代中國移民大量增加，台灣移民逐漸搬離法拉盛移至長島或紐澤西。

花」餐館，並從日本與台灣請來專業的壽司師傅與烹飪廚師。

除了當地的穩定客源外，郭正昭夫婦也努力開發更多客群，他們發現紐約上州有不少設備完善的高爾夫球場，不少退休的美國人喜歡打小白球，結束球敘後舉辦晚宴。看到如此難得機會，郭正昭馬上帶著日本壽司師傅與台灣廚師主動招攬生意，向顧客推銷新鮮美味的日本料理，並提供現做現吃的宴席方式（catering），餐飲規模大小從兩千美元到四千美元，甚至有六千美元到一萬美元不等的價錢。由於斯卡斯代爾居民大多是收入甚豐的專業醫師、律師與銀行家，因此郭正昭的「現場宴席」獲得不少人青睞，尤其是日本大公司與商社的忘年會，以及美國人的家庭聚會與生日均請「櫻花」製作新鮮的壽司與日本料理。

幾年下來，在郭正昭與郭錫玉的努力經營下，「櫻花」餐館已經在紐約上州打響名號，營業三十年後，才因年歲漸長體力無法負荷而於二〇一二年盤給他人經營。值得一提的是，櫻花營業期間，除了大紐約地區顧客外，郭正昭也慷慨招待過許多台灣民主運動的前輩到店裡用餐，例如黃信介、林義雄、許信良與杜正勝等人，可說是台灣黨外運動的海外據點之一。

日本將軍蒞臨紐澤西：李正三的將軍餐館

當郭正昭在紐約上州籌備「櫻花」餐館的開幕時，李正三看中的未來目標則是房租較便宜、餐館競爭也不激烈的紐澤西。經過元祿壽司的鍛鍊，李正三對如何經營日本餐館已經駕輕就熟，舉凡魚類選購、人事成本、店家位置，以及應付美國衛生局的大小挑戰均難不倒他。他先在一九八三年三月開設了小型日式料理餐廳「富士壽司」（Fuji Sushi），員工雖然只有四、五人，但憑藉他的多年經驗，餐廳仍迅速步上軌道，生意相當穩定。

到了一九八四年，經過一番尋尋覓覓，李正三在紐澤西綠溪鎮（Green Brook）二十二號公路旁找到一塊面積約一英畝的空地。同年三月，由李正三主導的「將軍22」隆重開幕。取名「將軍22」，自是因為餐館位在紐澤西二十二號公路旁。自此，李正三開始以「紐澤西將軍日本餐館」擴展他的餐飲版圖。

在美國經營餐廳並不容易，除了語言與文化上的隔閡，有時候還要說服股東間的不同意見，甚至苦思餐館的室內與戶外設計，美國幅員遼闊，有醒目好記的招牌與設計，才能對店家有加分效果。他找了幫郭正昭設計「櫻花」的知名設計師兼餐飲業者呂明森操刀。呂明森對室內設計頗有天賦，業主只要告知大概的設計方向與經費預算，他均能以經濟實惠的方式設計出業主喜愛的風格。再加上他對日本文化相當熟悉，因此對美國的日式餐館設計也相當內行，從建築物外在的招牌、日式花園到餐館內的榻榻米、燈飾、桌椅，以及壽司吧台，呂明森的設計極少讓店家失望。

餐館設計只是餐廳營業前漫長考驗的第一步。另外還要通過建設局、防火局、衛生局等檢查才能取得正式執照。如果想附設酒吧，就要取得合法「酒

李正三的將軍22日式餐館。

將軍22餐廳招牌。

「將軍系列」餐館內的用餐情景。

李正三日式餐館內的鐵板燒表演。

牌」，餐館如果合法取得酒牌，生意大多十分興旺。如果沒有合法取得酒牌卻販售酒精性飲料，被相關單位查到會處以相當高的罰金。酒牌的取得在美國餐館可是一門大學問，不同地區的申請方式不盡相同。以大紐約地區為例，餐館若要申請酒牌，必須完成所有軟硬體設施準備查驗，至於紐澤西餐館的「酒牌」數量是固定的，新餐館必須向舊餐館購買酒牌。雖然面臨這些林林總總的問題，但李正三從來不覺得繁雜，畢竟他在曼哈頓的「元祿壽司」早已身經百戰，他相信只要按部就班處理，所有問題均能迎刃而解。

「將軍22」經營步上軌道後，李正三打鐵趁熱在一九八五年十二月又開了「將軍18」。這一次李正三找來內人張阿雪弟弟張秋南擔任大廚，並透過陳金鐘找來日籍師傅板倉健二加入壽司吧台（板倉在日本原本是卡車司機）。到了一九八七年，李正三又在紐澤西肯德爾公園（Kendall Park）二十七號公路旁買下已經歇業的Covino餐館舊址重新裝潢，也是以公路號碼命名為「將軍27」。此時李正三手上已經有三家位於紐澤西公路旁大型的日本餐館，分別是「將軍22」、「將軍18」與「將軍27」，此時日本將軍真的蒞臨紐澤西了！為了迎合紐澤西與曼哈頓不同的客源，李正三在經營策略上與元祿壽司多有不同，例如紐澤西的消費者喜歡多變化的日本壽司，有時候會坐上酒吧台小酌，尤其喜愛鐵板燒師傅的即興表演。李正三用「小腿拉大腿」相當貼切地形容美國小孩經常慫恿爸爸媽媽帶他們到「日式將軍餐館」舉辦生日宴會，鐵板燒師傅的特殊廚藝經常帶給小朋友相當有趣的歡樂回憶！

不小心跌一跤：李正三的中菜餐館

眼見日式餐館生意興隆，李正三反倒經常問自己：「既然日本料理餐館能在美國生存，自己熟悉的中式餐館應該也可以開業吧。」他先在紐華克附近的櫻花公園開了「中華園」餐館（China's Garden），原本寄予厚望，但受限附近居民收入偏低，且對美式中餐接受度不高，最後只能歇業關門。雖然歷經小挫折，但李正三絲毫沒有放棄經營中餐館的企圖，最後透過郭正昭介紹，他來到斯卡斯代爾，在火車站附近開了另外一家中餐館，名為「湖南三」（Hunan Three）。

斯卡斯代爾當地住了不少高收入的專業人士，為了提供高品質的「美式中菜」（左宗棠雞、青椒牛與揚州炒飯等），李正三特地從台灣請來專業廚師料理。正如李正三預料，「湖南三」餐館開業後生意大好，有時候一日營業額就可付清餐館一個月的店租，是餐館內行人稱之A+的等級。遺憾的是，「湖南三」餐館經營幾年之後，因為生意興隆遭到房租仲介人從中作梗惡意提高租金，餐館被迫歇業。

見過世面的李正三歷經「湖南三」打擊後絲毫沒有氣餒，反之，他知道斯卡斯代爾絕對是一個開餐館的好地方，因為當地不少猶太人喜愛中菜，富人也有能力經常上餐館消費。有鑑於此，李正三在一九九〇年代又開一家「中國園」餐館（China Garden Bronxville）。當時中國移民逐漸增加（特別福州與溫州兩地），因此「中國園」雇用不少中國新移民。不過，因當時福州移民對汽車駕駛依舊陌生，有一次福州駕駛開車載許多福州員工外出採買，因故發生車禍，造成不少人受傷，許多人無法工作，最後中國園只能歇業。

相較於日式餐館的順利經營，李正三在中式餐館的經營之途屢屢嘗到不少苦頭，但他始終沒有放棄，後來李又回到紐澤西的紐華克開了「會賓樓」（China Garden Belleville）。有了之前教訓，李正三這次在經營方式上略作變化，除了提供美式中菜外，還兼賣港式飲茶的點心包子。不過製作點心過程複雜，只能從曼哈頓華埠預定後再送到紐華克，食物的味道與新鮮度都會受到影響，並不可口。「窮則變，變則通！」李正三靈機一動，又以吃到飽的方式兼賣起「蒙古烤肉」，讓客人自己選擇肉類與蔬菜，再由廚師熱炒。當時「會賓樓」離紐澤西理工學院（NJIT）很近，不少中國留學生喜愛到會賓樓選吃到飽的buffet。李正三當時印象相當深刻的是，經常看到不少中國留學生吃到撐不下了，卻還想繼續吃，他心裡想：這難道是「文化大革命」帶來的影響嗎？

某一天晚上，正在餐館工作的李正三看到一位非裔顧客頭戴鴨舌帽緩

曾經發生持槍搶劫的會賓樓（翻拍自紐約時報）。

緩走入餐館內，貼近櫃檯，掏出手槍指著他大喊“Hold up”！當時背對著這位非裔顧客的李正三只聽到“Hold up”，一時還沒有反應過來，以為這位顧客要點什麼菜肴外帶。之後定神一看，原來是有人搶劫！李正三與店內員工舉起雙手，乖乖地拿出店內所有金錢交給這位搶匪。當員工拿錢給搶匪時，李正三不動聲色緩緩移到櫃檯機警地按下警鈴，幾分鐘後六台警車陸續來到，非裔嫌犯被繩之以法，保險公司最後也賠了錢。兩、三年之後，有一天警察聯絡李正三並提到非裔歹徒已經入獄服刑一陣子，服刑期間表現良好獲得假釋機會，詢問李正三是否同意這位搶劫犯的假釋，宅心仁厚的李正三不做二想，馬上答應給他改過自新的機會。

歷史學家難忘的餐館人生

與台灣長期從事民主運動的長輩黃再添先生到紐約拜訪李正三與郭正昭兩位老師，見他們身體硬朗，氣色紅潤，已經將近八十歲，依舊相當健談。兩人在紐澤西的住處相隔不遠，退休之後生活相當輕鬆，閒暇之餘經常互訪聊聊昔日有趣的「餐館人生」。兩人四十幾年前從松山機場赴美原本想攻讀中國史研究，日後成為歷史學家，但是人生劇本變化無常，陳金鐘社長把兩人從圖書館的歷史書本帶到五花十色的餐館人生，如今想想，兩人還真是難以置信已經走過四十年的餐館生活。雖然沒有成為歷史學者，但是兩人感謝許多海外台灣鄉親陪伴他們走過這趟曲折但回味無窮的旅程。

對郭正昭而言，除了元祿壽司及「櫻花」餐館外，還與不少台灣朋友合資創立紐約法拉盛的「冠東銀行」，並且擔任獨立董事兼秘書長，親自見證法拉盛從一個小社區變成美東最大的中國城。

對李正三而言，心中雖仍有些許遺憾無法成為一位歷史學家，但選擇「進入廚房」這條路並沒有讓他失望。反之，李正三非常慶幸一路走來有許多貴人及難得的工作夥伴陪伴走過餐館人生，除了引領教導他經營餐館的陳金鐘社長以及與他相互扶持的好友郭正昭夫婦外，他的小舅子張秋南也在多家餐館幫忙，從壽司吧台到鐵板燒的各項熱炒也都難不倒他。

談起餐館，李正三不但累積不少紐約地區經營餐館的珍貴心得，還有許多有趣的回憶。例如在元祿壽司歇業後，有一天美國聯邦調查局專員請他到法院指認某位嫌疑犯。專員提到這位嫌疑犯在一九七〇年代曾經擔任紐約市衛生局人員，擅自利用職位之便向「元祿壽司」勒索美金一千元，否則要故意找麻煩舉發餐館衛生檢查不合格。後來該衛生局人員又利用職位之便勒索其他餐館得逞，聯邦調查局接獲舉報後逮捕此人，再請李正三幫忙指認，希望杜絕這類非法事情發生。

李正三也目睹了這三十年來大紐約中式與日式餐館的變化，尤其是一九九〇年代之後中國溫州與福州移民增加，這些工作認真的新移民，或為了償還來美的巨額債務，或為了在異鄉求生存，除了紐約之外，也勇於到美國大小城鎮開設美式中餐館或者日式餐館，經營得相當成功。同一時間，台灣移民大量銳減，畢竟台灣生活環境改善不少，願意赴美闖蕩生涯的人不多了。值得一提的是，李正三與郭正昭相當關心台灣政治，因此他們的餐館是當地台僑或者台灣民主前輩在美國聚會所在，台灣前總統陳水扁、重量級的民主人士如彭明敏、林義雄、陳定南與蘇貞昌等人均是坐上賓。

四十幾年的餐館人生，似乎很難三言兩句交代過去，而再精采的人生也有謝幕的一天。目前李正三手上餐館只剩下「將軍22」，由大兒子Howard經營，自己年歲增長，已無法全心照顧餐館，下一代對餐館經營也非全然有興趣，最後也可能就轉售他人。不過，李正三與郭正昭永遠記得一九七四年七月四日紐約「元祿壽司」開幕那一天，也會記住兩人站在帝國大廈旁哈腰鞠躬發送元祿壽司宣傳單的日子，許多老外在店家窗外探頭探腦好奇迴轉壽司的光景，還有兩人學習製作生魚片與醋飯的緊張心情，當然還有看見大量顧客湧入餐館的興奮心情。四十年光陰已經飛逝，兩位誤入歧途的歷史學家從不後悔，反而相當珍惜他們得來不易的餐館人生。

前法務部長陳定南攝於將軍餐館內。

曼哈頓的辣椒味道：蜀湘園集團的故事

故事的源頭得從一個銅板說起。

一九六〇年代以來台灣赴美攻讀碩博士學位的學生不在少數，出生屏東的蕭忠正自台大畢業後加入這赴美留學的大隊，前往新墨西哥大學攻讀核能工程碩士。一九六九年取得學位後，他與太太曹淑蓉苦思人生旅程該何去何從，兩人坐在餐桌上苦笑許久，蕭忠正從口袋拿出一枚美金一元的銅板跟太太說：「如果落下的正面是人頭，那我們就去紐約吧！畢竟那是個大城市。」

一九七〇年代初期曼哈頓上西區雖然沒有今日繁榮，卻充滿文化氣息。蕭忠正夫婦從位在新墨西哥州阿布奎基搬到紐約後，至愛因斯坦醫學院（Albert Einstein

College of Medicine）內的核醫學科工作，他與太太經常在哥倫比亞大學附近遇到跟隨台大藥劑系畢業的先生來哥大讀書的張亞鳳（Misa Chang）。

到紐約前，住在台北縣三重的張亞鳳與弟弟翁英俊對餐飲業已經有一定了解，來美後又思念故鄉台灣飲食，經常在紐約家裡下廚燒菜並找蕭忠正夫妻聊天作伴。彼此熟悉後大家聊到紐約中餐館這麼少，賣的中菜也不道地，想家的時候要吃點台菜還要自己下廚，那我們何不一起創業開一家餐廳呢？一來張亞鳳與翁英俊已經有餐飲烹飪基礎，二來大家可以隨時吃到故鄉台菜，三來還可以賺賺老美的錢，說不定哪天還可以致富呢！張亞鳳與翁英俊以及蕭忠正夫婦這時候拿起酒杯一同慶祝說：「為我們未來乾一杯，為我們的紐約乾一杯！」

一九七二年美國總統尼克森訪

蜀湘園集團合夥人張亞鳳與蕭忠正。

問中國之後，美國社會對中國文化逐漸產生興趣，從毛澤東的東方紅歌曲到著名的北京烤鴨，中菜也順勢搭上這波熱潮。一九七〇年代的紐約華人移民數量有限，主要是曼哈頓華埠的廣東移民與法拉盛的台灣移民。當時曼哈頓中餐館數量不多且菜色有限，因此蕭忠正夫婦，張亞鳳以及翁英俊已經摩拳擦掌準備點燃他們的「曼哈頓之夢」。

蕭忠正先是打聽到上城九十八街與百老匯大道（Broadway）轉角處有一家湖南菜餐館要轉讓，但價錢沒有談妥，慶幸的是九十七街與百老匯大道東南角也有家小店面要出讓。一九七〇年代的曼哈頓上西區尚不如今日繁榮，但已有地鐵一、二、三號線直達中城以及下城，甚至僅要十幾分鐘就可到達林肯中心（Lincoln Center），加上房租便宜，不少年輕藝術家都喜歡到這裡租房。

找到餐館店面後，大家興匆匆地討論餐館如何命名，這時候活潑且點子豐富的蕭太太靈機一動提到：紐約州英文名是Empire State，那麼餐館英文就稱為Empire Szechuan Gourmet，中文就稱作「蜀湘園」吧。一九七六年「蜀湘園」就在這幾個憨直勇敢的台灣年輕人手中誕生了！

出乎大家的意料，餐館開幕時生意相當好，當時蕭忠正一邊忙著醫學院研究，一邊要張羅餐館大小事宜，經常蠟燭兩頭燒忙得不可開交。與家人長談後，蕭忠正決定辭去醫學院的研究工作並投入餐館經營。當時他在醫學院的老闆卻皺起眉頭問道：「年輕人，你以前開過餐館嗎？這可是相當辛苦的，你最好再考慮一下吧！」蕭的老闆繼續說：「我建議你留職停薪一陣子吧。」蕭忠正滿懷感謝上司考慮如此周詳，但他看見餐館生意一片火紅，內心已經無暇研究室的實驗和數據了。一九七六年末，蕭忠正遞出辭呈離開了上司的研究室，他想起「一元銅板」把他們夫妻倆帶來紐約，之後認識張亞鳳與翁英俊，並帶來「蜀湘園」的創立，人生際遇不就是一連串的抉擇與努力嗎？走出醫學院外，此刻紐約飄下雪花，正下起入冬第一場大雪。

在「蜀湘園」的廚房裡，翁英俊駕輕就熟地炒出不少好吃的川揚菜肴，張亞鳳與蕭忠正則負責餐館前檯的收入支出與經營事項，大家忙得不亦樂乎！經過一段時間後，幾位股東討論如何提升餐館生意，例如翁英俊建議聘請女服務生（當時餐館大多是男服務生），又考量到餐館室內空間不大，極力推展外賣與外送生意。他們找來不少員工以腳踏車提供外賣服務，讓顧客在寒冷冬天也可以嘗到熱騰騰的菜肴。可口美味的菜肴加上周到服務，使得「蜀湘園」餐館的好名聲迅速在曼哈頓傳播開來。當時曼哈頓的中式餐館數量不多，除了下城華埠的廣東餐館外，整個紐約市的中菜餐館屈指可數，「蜀湘園」逐漸征服紐約客的味蕾。

從第一家「蜀湘園」到「蜀湘園集團」的成立

隨著生意越來越火紅，「蜀湘園」準備擴大服務並希望在曼哈頓不同地區開啟連鎖店。一九八〇年，幾位股東在曼哈頓第三大道近二十七街處找到一間荒廢許久的老酒吧，由於地點甚佳，他們當即決定買下作第二家「蜀湘園」。幾乎同一時間第三家店也在曼哈頓中城西六十九街與哥倫布大道交接處正式開幕。

當時身兼股東及大廚的翁英俊與大家在經營理念上多有不同，遂離開「蜀湘園」自行創業。為了彌補廚師空缺，同時也為了多找幾位優秀的餐館經理與廚師加入經營團隊，蜀湘園找來從大陳島撤退後輾轉來到紐約的沈師父、蔣奶妹、吳小法以及馬傳福等人入股。前三位大廚均是大陳人，來紐約之前曾在台灣擔任「西裝師父」。馬傳福則來自台灣屏東空軍眷村，十幾歲就隻身來到紐約闖天下，加入「蜀湘園」前曾在曼哈頓上城的廣東餐館待過，不僅熟悉餐館大小事情，而且手腳勤快，因此迅速獲得股東們的讚賞。

「蜀湘園」增添新力軍之後業績蒸蒸日上，自一九七六年開業，到一九九二年已在曼哈頓開了九家餐館，堪稱該集團的黃金時期。一九九二年的一則新聞報導，介紹了這家店的分布位置，其中三家在曼哈頓上西區，兩家近林肯中心，兩家在曼哈頓東部，最後兩家則在紐約著名的格林威治村（Greenwich Village），可說遍布曼哈頓。如果說「蜀湘園集團」是紐約客的廚房之一，應該也不為過吧！

蕭忠正與蜀湘園集團股東合影。

「蜀湘園集團」的菜肴特色

一家餐館的經營能夠成功，除了外在人事物的妥善打點外，最關鍵的還是廚房裡端出的菜肴是否能夠抓住客人的胃。「蜀湘園集團」從名稱上來看，「蜀」代表四川，「湘」是湖南簡稱，因此它在菜肴定位上以「川揚菜」為主（四川菜以辣味取勝，揚州菜訴諸清淡口味，藉以彼此搭配）。「蜀湘園集團」由台灣留學生創立，而且當時紐約讀書有不少台灣留學生，因此餐館也賣起家鄉口味的台灣小吃例如肉粽、雞卷與肉羹等。對外營業方面，餐館剛開始的菜肴十

紐約第一家蜀湘園餐館外觀（翻拍自《紐約時報》）。

分簡單，特色菜肴有芝麻涼麵、棒棒雞、蔥油雞、脆皮雞、豆瓣魚、芥蘭牛肉、宮保雞丁、鹹酥蝦等，這些菜肴大多來自翁英俊精湛的廚藝，蕭忠正與張亞鳳則負責在前檯接聽電話、招呼客人以及打理營業帳目。

隨著餐館生意蒸蒸日上，蕭忠正與曹淑蓉夫婦、張亞鳳以及陸續加入「蜀湘園集團」的廚師們經常聚在一起研發菜色，除了前述提到的台灣小吃與特色菜肴，股東們也加入大江南北的菜肴特色，並且把菜單制度化提供「蜀湘園集團」其他餐館參考，也讓前來餐館的顧客（以美國人為主）有更齊全的選擇。

從一份「蜀湘園集團」在一九九一年留下的菜單可以看出他們在菜肴設計上的用心，當時前菜包括四川辣子雞、泡菜、川式涼麵、京式涼麵、肋排、水煎包與炸雞翅，價錢在一塊美金到四塊美金不等。素食選擇有炒花椰菜、川式豆腐、家庭式豆腐、炒茄子與混雜式蔬菜。湯類有餛飩湯、酸辣湯與豆腐蔬菜湯。第一項肉類主食（包括豬肉、牛肉與羊肉）有木須炒肉、回鍋肉、切絲蒜味豬肉、花椰菜牛肉、蠔油牛肉、BBQ牛肉、青椒牛肉、炒羊肉與湘式炒羊肉，每道菜肴價錢落在美金六塊多到八塊多不等。第二項肉類是禽類，包括辣味太監雞、橙汁雞、花椰菜雞、茄子雞與脆皮鴨，每道價錢約在美金七塊多不等。海鮮包括粵式龍蝦、酸甜魚、蒜味大蝦、酸甜蝦以及辣味干貝等。餐館也有提供美式中餐經常見到的炒飯與炒麵。此外，為了增加午餐時間的客源，又推出「午餐折價服務」（Lunch special），把上面提到的不同菜肴加上米飯或者麵食製成便當款式的餐盒，相當受到紐約客歡迎。

當時也有人認為「美式中餐」烹製過程加上過多佐料過於油膩，為了考量顧客健康因素，「蜀湘園」也推出「健康菜單」（Specific Steamed Diet Menu），強調「少油少鹽」，菜肴有花椰菜雞、干貝蔬菜以及蔬菜大蝦等。今天消費者相當重視食物安全與飲食健康，早在二十幾年前，「蜀湘園集團」已經意識到這些議題，在「創新飲食」（revolution diet）項目下的每道菜肴均附上清楚的卡路里含量。此外，美國不少餐館均有自己自豪的特色菜肴，「蜀湘園」當然也不例外，例如曾國藩歷史雞、左宗棠雞、蜀湘園鴨、湘式風味牛排、蜀湘園芝麻牛肉、橙汁脆皮牛以及川式風味豬肉，這些特色菜肴大多冠上「蜀湘園集團」的英文關鍵字Empire，藉以強調廚師精湛的廚藝烹飪出來的特殊味道！

為了拓展更寬廣客源，除了自己專精的川揚菜之外，他們也引進其他地方性中菜，例如當時菜單就增加「新香港廚房」（New Hong Kong Style Kitchen），販售水晶蝦餃、炸蝦球、叉燒包、大肉包與燒賣等港式點心。此外，叉燒飯、三寶飯、燒鴨飯、油雞飯、餛飩麵、叉燒麵與台式切仔麵等也都能嘗到。當時日本料理在紐約剛剛嶄露頭角，為了因應市場需求，位置最北的「帝國京都壽司」（Empire Kyoto Sushi）除了川揚菜，也提供壽喜燒、手捲、天婦羅、壽司等各色日本料理，為了帶給顧客更好的食物品質，還特地從日本請來專業壽司師父。

一九九一年存留下來的這份菜單當然無法涵蓋所有菜肴，但仍反映出該集團的經營方式與餐館知識已經十分成熟，廚師烹飪技術與人事管理也步上軌

蕭忠正太太曹淑容與張亞鳳在紐澤西的大西洋城，巧遇年輕時的現任美國總統川普（Donald Trump）與歌星麥可．傑克森（Michael Jackson）。

道，此時「蜀湘園集團」的招牌已在大紐約打響名號，川揚菜的味道也飄散在曼哈頓。不管是紐約客或者外地遊客，如果要上館子一嘗川揚菜或者亞洲菜肴，「蜀湘園」絕對是首選之一！值得一提的是，紐約原本就是影視明星以及藝術音樂家雲集之處，不少人也喜愛「蜀湘園集團」餐館的菜肴，就蕭忠正記憶所及，影星華倫比提（Warren Beatty）、康妮．史蒂文絲（Connie Stevens）、布魯克．雪德絲（Brook Shields）、勞勃．偉納（Robert Wagner）、黛安．基頓（Diana Keaton）、彼得、保羅與瑪麗三人合唱團（Peter, Paul and Mary），還有長笛家詹姆斯．高威（James Galaway）、小提琴家伊扎克．帕爾曼（Itzak Perlman）以及台裔美籍知名小提琴家林昭亮均造訪過「蜀湘園集團」旗下餐館，對菜肴也讚不絕口！

蜀湘園的危機與中國移民的挑戰

一九九〇年代堪稱「蜀湘園集團」的黃金時期，但這時期也是由盛轉衰的分水嶺。外在環境上，一九八〇年代中國結束文革並吹起改革開放的號角，到了一九九〇年代，中國移民大量來到美國，不少人第一份工作就是從事「移民三把刀」的工作，即剪刀、剃刀與菜刀。此時中式餐館數量大增，許多華人餐館又擅長以低價競爭招攬客人，因此「蜀湘園集團」旗下的餐館紛紛受到打擊。其次，曼哈頓的餐飲業原本就相當競爭，來自世界各地的餐飲業都想在此地立足生存，可能短短幾條街就有義大利餐館、法國餐館、拉丁餐館以及熟食店（Deli），它們的出現均影響到「蜀湘園集團」的生意。第三，紐約（特別是曼哈頓）地價與房租是世界數一數二的昂貴，造成「蜀湘園集團」不少餐館在租約期滿後無法再負荷昂貴租金而關門，「蜀湘園集團」餐館只能無奈地一家一家地歇業了。

內在經營方面，經過十幾二十年的擴張，「蜀湘園集團」也面臨內部問題。首先是人事問題，股東之間針對餐館經營方向多有意見，造成集團內部經營上的困擾。其次，餐館內不少員工沒有取得正式身分而遭到移民局盤查，造成餐館人員調動上的困難。再者，紐約的衛生局、勞工局與稅務局也經常登門檢查考核，造成餐館經營相當程度的困擾。在上述情況下，「蜀湘園集團」的餐館一家接著一家歇業，截至目前為止只剩下兩家餐館，其中一家由張亞鳳本人經營，另外一家由當年廚師大陳人沈師父的姪女沈台妹（在台灣出生的大陳人）親自經營。

回憶蜀湘園

二〇一六年四月初紐約還是寒風凜冽，下午五點左右蕭忠正剛剛結束每週二例行在台灣會館的合唱團練習，此時的蕭忠正雖少了昔日的瀟灑，卻更顯成熟穩重。坐在法拉盛「台灣會館」內望向外面車水馬龍的北方大道，蕭忠正喝著咖啡，緩緩訴說著「蜀湘園集團」如何誕生，達到高峰再逐漸走向謝幕的過程。他笑著說：「這樣的劇本遠非自己人生可以規劃的！但我享受也珍惜過去在蜀湘園集團與大夥們一起打拚的歲月！」

今天曼哈頓上西區已非一九七六年蕭忠正剛剛踏進紐約時的景象，社區治安的重整與公共設施的翻新帶來一番新的氣象，然而昂貴的房租也迫使許多藝術家與音樂家無法負擔房租而紛紛離開。蕭忠正仍記得當年經營餐館時認識了許多住在上西區並常在林肯中心演出的藝術家，他們相當喜愛「蜀湘園」，也特別喜愛在用餐時與蕭聊天分享藝術表演心得。只可惜這些景象隨著「蜀湘園」的陸續歇業，以及紐約大環境的變化，只能成為珍貴的回憶之一。

「餐館送往迎來看似風光，但總有關門休息的一天的！」提起蜀湘園的結束，蕭忠正難免黯然地說著：「當時我們幾個人意外成立了『蜀湘園』，一路看它成長茁壯，也黯淡哀傷看著餐館一家接著一家收起來，心裡確實不捨。但在紐約經營餐館確實不容易，要考慮的事情實在太繁複，而且有太多意想不到的狀況發生。餐館內的人事與金錢上的借貸關係也造成不少問題，這在華人社會尤其普遍，原本出自朋友之間的互助信任的金錢借貸，反而可能造成朋友之間的紛爭與傷害，甚至形同陌路。這些紛擾，年輕時大家還能負荷，現在一大把年紀了，很多事情需要學會放下吧！」

二〇一六年距離第一家蜀湘園餐館開幕已經整整四十年，蕭忠正沒有忘記他向第一位客人推門近來時鞠躬哈腰的笑容，也沒有忘記幾年後餐館座位不夠向顧客說抱歉的窘態，腦海中也經常浮現股東們面紅耳赤地討論餐館未來如何經營，以及時常收到遠從他州寄來的問候卡片，上面用英文寫著蜀湘園菜肴的可口美味以及賓至如歸的貼心服務！想起這些回憶，或者看到這些昔日景象，蕭忠正眼眶流下幾滴熱淚。

蕭忠正走出台灣會館，緩緩地往家的方向前進，心裡想著：今年年底就是蜀湘園四十年的紀念日，應該帶老婆孩子回到曼哈頓九十七街與百老匯大道那裡走走看看吧！

法拉盛驕傲的台灣料理：呂明森的「紅葉餐廳」

從家鄉到東瀛

比起蕭條以及灰濛濛的一九六、七〇年代，一九八〇年代的紐約到處充滿活力！貫穿大蘋果不同地區的地鐵滿滿是年輕人的塗鴉，年輕男女跳著迪斯可迎接經濟復甦，城市治安也變好了。在皇后區靠近長島的法拉盛社區，處處可聽見說著國台語的台灣移民，若在街角遇見熟人，經常會聊上幾句：最近有沒有哪些新開的餐館或者便當店呢？如果天天吃那些「美式中餐」，那真的快活不下去了。

一九八三年三月底春寒料峭，呂明森（朋友均稱他Morisan）在紐約法拉盛的

「華商會」（FCBA）辦公室以薩克斯風吹「望春風」，熟悉地唱著「獨夜無伴守燈下，春風對面吹……。」從窗戶望出去，社區中心緬街（Main Street）與羅斯福大道（Roosevelt Avenue）附近的商店已經出現零散中文招牌，街道上東方臉孔漸多。喝完一口咖啡後，呂明森遠眺拉瓜帝亞機場每隔幾分鐘就出現的飛機，感覺時機已經成熟，轉過身對自己說：「好吧！就在今年夏天，我決定要開業了！」

生於一九三六年的呂明森來自南台灣純樸的嘉義，父親在鄉里懸壺濟世深受敬重。呂明森自小家境較一般同學優渥，一九五〇年代末期到淡江大學讀書，當同學們多以腳踏車代步時，他就以一輛拉風機車聞名淡水小鎮。從小對室內設計學習相當執著且有過人天賦的呂明森，在大學畢業後亟欲吸收新的知識養分，因此自學日文，並在一九六三年前往東京銀座學習室內設計。在東京的兩年光陰並未滿足他對設計專業知識的渴望，但在就業壓力下也只好先返回台北。從東京銀座回到台北西門町，呂明森感受到當時日本與台灣的經濟已經起飛，遂創立「台聯」商業顧問公司，並創辦《實業雜誌》刊載現代管理知識。在朋友邀約下，他先後設計了台灣第一家較具規模且循日本經營模式的「西門超市」（在西門町中華路），以及帶有歐美風格的「中美超市」（今天台北仁愛路附近）。

從島內到紐約

在台北工作幾年後，在朋友慫恿鼓勵下，呂明森揮別故鄉來到紐約，他還記得在機場道別父母親時，眼淚哭濕了一整條手帕。一九七〇年代紐約經濟蕭條、破敗不堪且犯罪率高，不過呂明森絲毫沒有退縮的念頭，直覺如此混沌不明的環境才可能有造就一番不同事業！憑藉著室內設計的專業知識與日文能力，他先到皇后區法拉盛一家日本建築公司上班。

今天的法拉盛社區已經聞名北美華人社群，但大家或許不一定了解二十世紀法拉盛的發展歷史。二十世紀東亞移民社群中最早到達紐約皇后區法拉盛的是日本人，時間是一九七〇年之前。當時日本不少商社與公司設在曼哈頓，因此有一定數量的日本人與家眷移民或者短居紐約。法拉盛社區緊鄰長島快速公路（Long Island Express），又是地鐵七號線往返曼哈頓時報廣場的終點站，再加上鄰近的可樂那公園（Corona Park，一九六四年世界博覽會舉辦地點，也是目前美國網球公開賽的舉辦地點）環境良好，因此成為日本人移居紐約的首選，甚至建了日本學校。後來日本人發現法拉盛當地水質欠佳，就遷往紐澤西利堡（Fort Lee）與紐約上州威斯特徹斯特兩地。一九六〇年代台灣留學生開始大量赴美留學，之後選擇定居紐約，法拉盛即是首選之一，之後韓國移民也來到法拉盛。一九九〇年代後中國移民大量增加，法拉盛逐漸從「小台北」變成紐約第二個規模甚大的中國城。今天的法拉盛已經是中國移民美國的首選之一，在這裡幾乎可以嘗到中國各地美味的地方飲食。

回到一九七〇年代的法拉盛，呂明森在一九七四年與朋友在長島開起以川揚菜為主的餐館「四川朝代」，五年後，因為店租上漲加上朋友希望獨自經營，呂明森只好回到室內設計這一行並成立「汎美建築公司」。當時紐約殘破不堪與經濟蕭條的景象看在呂明森眼裡十分可惜，因此除了經營自家公司外，他另找上一些志同道合的朋友在一九八二年成立「華商會」，幫忙舊移民解決經商的疑難雜症，也輔導台灣新移民認識美國錯綜複雜的商業條例。

幾年下來法拉盛商業環境逐漸成熟，呂明森的室內設計業務也步上軌道。閒暇之餘台灣鄉親聚會聊天，覺得法拉盛雖越變越好，生活上卻還是缺少了一些味道——原來是懷念故鄉台灣濃濃的醬油味、炒菜豬油味，以及辦桌時的熱鬧氣氛。愛吃、能吃而且也會吃的呂明森在鄉親的鼓舞下，決定在法拉盛開一家道地的「台菜餐館」，一方面把自己擅長的室內設計的元素與經驗融入餐廳，另一方面把台灣料理的精髓帶到紐約呈現給台灣鄉親與外國朋友。

華人移民海外，最關心的問題之一就是哪裡可以找到好吃的家鄉菜！畢竟漢堡、可樂與披薩這些食物吃久了實在會膩呀。

其實早在一九六〇年代左右，法拉盛就有中菜餐館，例如北方大道上的「林市」以及緬街上的「蓮芳」，這些餐館多是老廣經營，菜肴也以美式中餐為主（例如雜碎、芙蓉蛋與炒麵炒飯）。

從一九七〇年代到一九八〇年代，台灣在法拉盛的移民漸多，中菜特色也呈現多元，呂明森回憶：這段時期法拉盛餐館蓬勃發展，大抵分為幾種類型：第一類是外賣餐館，還記得的有「新華」與「東華」，類似台灣的便當店，相當經濟實惠。第二類是廣東人經營的餐館，著名的有「香港樓」、從華埠來的「富記」與「樂記」，餐館規模不小，是當時喜宴婚慶的好場所。第三類是台灣外省人經營的餐館，像是「七海」、「金山」、「荔香村」、「新華園」、「中華樓」、「狀元樓」，主要是江浙菜、川揚菜與廣東菜。第四類則是台灣本省人經營的餐館，比較著名的包括附酒吧的「春秋閣」、法拉盛第一家自助餐「華王」、專擅海鮮料理的「龍蝦屋」、提供川揚菜的「松竹園」、主打石頭火鍋的「華鄉」，以及賣包子的「清香一品樓」。第五類是台灣大陳人經營的餐館，例如「老戴記」。一九五五年國民黨政府在美國第七艦隊協助下從浙江外海等列島撤退出的大陳人，後來定居在台灣各地，之後不少人選擇移居美國並擔任廚師，法拉盛可算是美東地區規模較大的大陳人社區，自然也有不少大陳人餐館。呂明森感慨地表示：餐館開幕時人潮聚集，看似光鮮亮麗，但經過一段時間後，由於租金上漲、人事問題，或者股東意見分歧等因素，不少餐館選擇歇業，或者自然凋零了。

紅葉餐廳的成立

正面迎向各項艱難挑戰一直是呂明森人生價值觀的一部分，當時即便眼見不少餐館歡歡喜喜開幕卻靜悄悄地歇業拉下鐵門，呂明森絲毫沒有受到打擊，反而更堅定要把味道好、品質佳的台灣料理帶到紐約。

一九八三年夏天，寫著「紅葉餐廳」（Foliage）的招牌正式在法拉盛的三十八大道上掛起。在呂明森心中：一家餐館能夠成功，首先是招牌必須醒目好記，此時靈機一動，那就取名「紅葉」吧！想起年少時留學日本被秋天漬紅的楓葉深深感動過，加上台灣料理受到日本飲食影響甚深，兩者文化均強調樹葉意象，帶有濃濃的季節感寄託，如此一想覺得「紅葉」是再適合不過的店名了！

一九八〇年代中期紐約法拉盛已有不少台灣移民，有些人來此追尋「美國夢」，希望帶給家人與下一代更好的生活與教育環境，有些人來到美東留學，畢業後選擇留下來。然而，偌大的法拉盛社區雖有不少中式餐廳，但販售台菜的寥寥無幾，較具規模的只有「春秋閣」與「龍蝦屋」，其餘餐廳大多販售排骨飯、雞腿飯或麵點等簡單菜肴，可以說並無一家真正專賣「台灣料理」的餐廳。由於缺乏道地的台菜餐館，逢年過節或者喜慶壽宴之際，住在法拉盛的台灣鄉親只能到曼哈頓華埠聚餐，或者從超級市場選購食材回家自己烹調。每每想到這些景象，呂明森就搖搖頭，胸口覺得悶悶的，如此鄉愁更加深他要把台灣食物的豐盛與美好帶到紐約的

紅葉餐廳的logo。

決心。

在「紅葉餐廳」開幕前，呂明森對當時紐約以及法拉盛的餐館生態已觀察多時。在菜肴消費上，當時紐約的中餐館除了美式中菜外，多是廣東菜與川揚菜。菜肴也普遍味道較重，烹飪方式多是油炸或用過多勾芡與調味品烹製，端上菜桌上很難嘗到食物的真正味道。上個世紀八〇年代紅色中國剛剛打開封閉已久的大門，紐約客對中菜的歷史與飲食文化認識有限，以為嘗到甜甜酸酸的左宗棠雞或者青椒牛就是道地中國菜，更遑論認識富有地方與殖民特色的「台灣料理」。在此情況下，呂明森更希望能讓顧客嘗到故鄉台灣的菜肴味道。

呂明森堅信顧客對一家餐廳的第一印象來自門面設計與店內的裝潢擺設，而他深具設計天賦又經驗豐富，自然不會錯失這次機會幫「紅葉餐廳」打點好門面。年輕時即醉心於日本文化中簡單卻頗富哲思的設計理念，呂明森將日本元素精心巧妙地安排在餐廳內外。首先，餐廳入口處左側放置一塊材質佳的石頭並標示餐廳英文名字，燈光由下往上照，顯示出招牌的層次感。大門以深色木材製作並寫上「紅葉」中文名字，踏著階梯由外而內，讓顧客光臨紅葉之前即感受到一種神秘感。進入餐廳後再以一條小廊連接大門與用餐大廳，由小而大，由近而遠，展現室內空間的層次感，讓顧客在視覺上有「柳暗花明又一村」的期待。

大廳是餐館精華所在，為了讓客人在用餐時心曠神怡，沒有任何壓迫感，呂明森採高挑設計。一樓大廳可以容納一百多位顧客，周圍再以空中閣樓環繞，如此一來不僅室內空間獲得充分利用，一、二樓顧客也可相互輝映，炒熱用餐氣氛。大廳一旁還有設置小酒吧與咖啡廊，可供新舊朋友聊天認識，是正式餐飲聚會前的「快樂時光」（Happy Hour），這是美式餐飲相當重要的文化之一。

喜愛熱鬧且活潑大方的呂明森不喜歡華人傳統飲食的大圓桌，這種圓桌文化把大家統統擺在一起，也不管彼此認識與否，而且老的總是聒噪喋喋不休，小的還得正襟危坐搗蒜點頭稱是。為了革除這種用餐陋習並增進顧客間的交流，紅葉餐廳兼具包廂與大廳，前者注重隱密性，後者呈現開放式，並設置舞池、舞台以及一座大鋼琴，以樂團現場駐唱炒熱用餐氣氛。尋常時間會有輕音樂演奏，五六日三天則有大型樂團與著名歌手演出，既有紐約的華人樂團，也有遠從台灣來的知名藝人，並且配合鼓手、貝斯手與鋼琴演奏西洋經典歌曲、日本老歌或者台語歌曲，讓用餐氣

紅葉餐廳外在設計。

紅葉餐廳內部的精緻裝潢。

氛高潮迭起。像是晚餐時間曾聘請當時著名琴師劉嘉韻女士演奏歌曲，從台灣懷舊歌曲到日本演歌，再從美國藍調唱到重金屬歌曲，讓顧客不僅在味覺上享受故鄉台菜味道，在聽覺與視覺上也帶來雙重的舒適饗宴。

舞台上載歌載舞，呂明森也沒有忘記舞台下的顧客，不惜重金引進當時在紐約相當少見的卡拉ＯＫ設備，讓盡情的顧客大秀歌舞並歡唱各種歌曲。相當認同台灣文化且喜愛唱歌的呂明森還在餐廳開業一年後（一九八四）的母親節舉辦一連三天的台語歌曲大賽。聽到如此消息，大紐約的台僑簡直樂壞了，大家扶老攜幼來到紅葉報名，希望用台語歌曲紀念母親節，同時也把想念故鄉的鄉愁傳遞至太平洋那端的台灣。由於歌唱比賽受到意外歡迎，呂明森同年七月又與「紐約華商會」舉辦「台語歌曲大賽」，強調不拘男女老少，比賽首獎還可以獲得紐約台灣來回機票一張，第二名有十九吋彩色電視

紅葉餐廳的駐唱歌手。

一台，第三名是立體電唱機一台。歌曲比賽原本就緊張刺激，再加上豐厚獎品激起參賽欲望，不少人摩拳擦掌準備一試。這年夏天紐約法拉盛充滿了濃濃的台灣味道。

上個世紀八〇年代交通網絡與聯繫方式不若今天方便，特別是旅居美東的台僑返鄉大不易，每每鄉愁湧上心頭，只能藉著越洋電話或者照片紓解思念之苦。顧及到此，呂明森費心找了不少比賽的「必唱歌曲」，希望藉此喚起大家對故鄉的回憶，其中有童謠〈丟丟銅仔〉與〈天黑黑〉、歌手陳達的〈思想起〉、民謠〈六月茉莉〉、鄧雨賢的〈望春風〉、日本時代歌曲〈雨夜花〉、鄧麗君唱紅的〈心酸酸〉、文夏的〈港邊惜別〉、楊三郎作曲的〈望你早歸〉、代表府城的〈安平追想曲〉、郭金發的〈燒肉粽〉、洪榮宏的〈一支小雨傘〉，以及沈文程的〈心事誰人知〉。呂明森要求所有參賽者務必從以上歌曲選出一首，再搭配一首自選歌曲參賽。他回憶道：在台下聽到這些動人歌謠時，他總是潸然淚下，嘉南平原綠油油的稻田以及純樸自然的農村景色經常浮現在腦海中。

經過呂明森巧思設計的餐廳裝潢，再加上耗費成本的舞台駐唱，以及精心籌劃的歌唱比賽，「紅葉」餐館的名聲逐漸在大紐約台僑、華人與洋人社群打出知名度。不過，一家餐館能夠長久經營的關鍵條件還是得靠廚房裡端出來的豐盛菜肴。

為了跟紐約其他中式餐館的菜肴有所區別，呂明森企圖以新鮮食材與特有的台式菜肴擄獲顧客的味覺。他從台灣飲食文化的「海產攤」獲取靈感，在紅葉大廳旁特別設置一個「海鮮攤」專區，上面以冰塊鋪陳並擺上當日從紐約市「南街漁港」（South Street Seaport）送來的海鮮食材，顧客可以「現點現炒」，由於這些游水魚蝦肉質鮮腴，不管是採傳統台味清蒸燒煮，或者以美式油炸方式上桌，顧客們莫不讚揚一番。搬到紐約之後，呂明森相當懷念台灣海產攤老闆熱情招呼客人，勤快介紹新鮮食材，並且與客人小酌兩杯的那份情感，因此他也要求紅葉廚師務必多與客人打招呼，主動問及對方喜愛的烹飪方式，把人與人相處的感情帶入食物的交流之中。

餐館在美國的經營方式與台灣略有不同，一般而言午餐客人較少，因此紅葉推出「經濟實惠」的午餐，同時也結合日本定食觀念，備有美金二十五元的A餐，十五元的B餐，以及十元的C餐，任君選擇。午餐方式雖然相對簡單，但呂明森對食物內容絲毫不馬虎，專程聘請原本在台北「琴屋台菜餐廳」掌廚的曾傳明師傅打點，把經濟卻不失實惠的台菜料理帶到紐約鄉親的胃裡。晚餐則是紅葉餐廳的強項，一方面高薪聘請曾在「台北海霸王」與「蓬萊閣餐廳」擔任大廚的胡秋平先生掌管菜肴，另一方面特別開設「消夜餐點」供遠近朋友聚餐聯誼。

為了掌握餐館營運狀況並保持菜肴新鮮美味，呂明森經常在開店前以及晚上休息後的時間，找來經理與兩位大廚曾傳明與胡秋平一同討論營業狀況，問及食材進貨是否正常、廚房是否保持衛生清潔以及顧客反應如何等。在同心協力合作下，紅葉餐廳總是大紐約地區台菜的首選。顧客坐下後翻開精美菜單，這裡備足了台灣傳統小吃、熱炒系列、清粥小菜、消夜與高檔宴席菜，簡直把台灣料理原封不動地搬到紐約法拉盛了！

台灣傳統小吃向來象徵鄉親旅居海外的鄉愁，嘗到鮮美的蚵仔煎，彷彿聞到台灣海峽的海水味，扒進一口台南米糕，彷彿置身古都台南的小巷，為了讓異鄉的鄉親大啖故鄉滋味，呂明森吩咐餐館廚師務必準備多道台灣小吃，包括筒仔米糕、雞卷、肉圓、蚵仔煎與肉粽。此外，來自嘉義的呂明森對水產海鮮十分嫻熟，強調台灣四面環海，水產海鮮絕對是台菜的精華所在，這也是紅葉規劃「海產攤」的緣故，不論是炒海瓜子、煎土魠魚、菜脯蛋、九層塔炒螺肉，還是五柳枝魚，樣樣色香味俱全。紐約的冬季長且寒冷，因此「紅葉」也推出「火鍋系列」，專攻魷魚螺肉蒜、瓜子雞、當歸羊肉爐和汕頭沙茶火鍋，熱呼呼的火鍋在冰天雪地的紐約立刻成為顧客用餐首選。

有趣的是，呂明森對飲食文化的風向相當敏銳，例如一九八〇年代「曾德自助火鍋城」曾風靡台北，「紅葉」也因此順勢將這種消費方式引進紅葉，提供豬肉、牛肉、羊肉、雞肉與各式海鮮，任顧客自選食材烹飪，這在當時紐約是前所未有的飲食經驗。

呂明森對台菜的野心並未就此止步，年少時在嘉義嘗過的「辦桌菜肴」讓他至今難忘，例如以放山雞做成的燒酒雞、麻油雞和三杯雞，煮好後打開甕蓋的一剎那香氣撲鼻實在難忘。還有阿嬤味道的紅燒蹄膀、佛跳牆以及紅蟳米糕，這些菜肴經常勾勒起他童年時家裡鄰居辦桌、廟埕做醮大拜拜，或是結婚喜宴的回憶。為了重溫這些珍貴回憶，呂明森吩咐幾位大廚研發宴席菜肴，讓紐約地區的公司行號可到紅葉聚餐或舉辦尾牙。宴席菜耗工費時，為了節省店家與顧客時間，「紅葉」推出一桌美金二百元的「梅桌」、二百五十元的「蘭桌」、三百元的「菊桌」、四百元的「竹桌」以及五百元的「松桌」等，如此一來價格清楚且付上詳細菜名，短時間內就有不少社團訂桌聚餐。值得一提的是，呂明森年少時留學日本，他的流暢日文與慷慨作風也贏得不少日籍顧客信任，一九八〇年代不少日本商社常駐曼哈頓，約略有日通、佳能、日立、日本航空、三菱、日產以及豐田汽車等，他們經常來到紅葉聚餐，並且驚訝法拉盛竟有如此高格調的餐館與美味的台灣料理。

在呂明森的台灣飲食文化中，「消夜」也是不可或缺的一項。回憶小時候在故鄉嘉義，晚上讀書或者課後輔導結束，幾個好朋友相邀到廟口吃一碗陽春麵再配上一碟豆干、海帶與豬頭皮才回家。稍長後到東京銀座讀書，幾位志同道合的台灣留學生也時常到居酒屋小酌暢談人生志向。受此影響，呂明森自然對「消夜」懷有特殊感情，因此紅葉菜單內也少不了「消夜」，特別規劃晚上十點到凌晨兩點是「消夜時間」，提供番薯粥並搭配醬菜、滷豆腐、鹹鴨蛋和簡單青菜，讓紐約的台灣鄉親在隆冬深夜也可享受消夜。

經過一年半載的胼手胝足，紅葉餐廳在呂明森與賢內助、幾位大廚以及餐廳工作人員努力下生意蒸蒸日上，一九八五年更榮獲紐約皇后區經濟發展委員會頒發的「皇后區傑出商業獎」，表揚紅葉餐廳在室內設計、菜肴烹飪、衛生管理以及娛樂文化方面均有創新，有別於華埠與法拉盛的一般中式餐館，呂明森也是該獎創設以來第一位獲此殊榮的華人領袖，一九八〇年代當紅的紐約時報飲食評論家弗洛倫斯・法布莉坎（Florence Fabricant）指出：紅葉餐廳最為人津津樂道的是海鮮的烹飪方式，與美國認識的傳統中菜相當不同，真正可以吃出海鮮的鮮美甘甜。她也強調，紅葉其他菜肴也頗具特色，尤其把台灣傳統小吃引進紐約（油飯、雞卷與蚵仔煎）實屬難得，走進紅葉再出來，彷彿吃進了台灣所有美味的食物呢！

紅葉餐廳今天已經不復存在，當年位於緬街教堂斜對面的舊址也歷經不同店家行業，法拉盛當然也不再是三十年前的小台北了。尤其一九九〇年後中國各地移民大量增加，法拉盛的台菜料理式微，走出地鐵七號線充斥著大江南北味道的中式菜肴，滿街中文招牌與中國各地方言，彷彿身處中國某省省會。呂明森在紐約居住已經超過四十年，「紅葉餐館」雖是他生命中偶然出現的作品，經營時間也只是短短的從一九八三年到一九八七年，但這四年的時光卻帶給他許多美好回憶。那些曾經造訪的朋友顧客，一起共事過的大廚員工，以及娓娓道來的故鄉記憶中的菜肴，經常湧現腦海中。每當唱起「望春風」，頓時將他拉回到三十年前的法拉盛，站在「紅葉」門口招呼遠近來到的朋友，街頭巷尾多是熟識的朋友老面孔，那是個充滿台灣人情味的純真時代，但也是個一去不復返的美好歲月！

台灣珍珠奶茶在紐約：CoCo茶飲與ViVi茶飲的故事

香濃的珍珠奶茶：紐約 CoCo and IRIS

今日的紐約法拉盛跟台北、香港與上海好像沒什麼不一樣了。在這裡甚至可以找到比亞洲更正宗的排骨飯、點心飲茶或者江浙菜肴。走出餐館，街上盡是華人臉孔以及普通話，招攬顧客的店家招牌也是密密麻麻的中文繁體字。從前這裡被稱作「小台北」，店家多設在地鐵七號線終點緬街與羅斯福大道兩側，幾十年過去了，不曾間斷的移民與日新月異的科技拉近東亞與美東的距離，昔日濃濃的鄉愁似乎慢慢褪去了。

二〇一六年三月中旬的紐約，早晨仍透著寒意，法拉盛緬街與羅斯福大道已經人聲鼎沸，一片熱鬧，但壞的就是兩側人行道片片油漬，街頭巷尾遺留下昨夜的垃圾，整個社區環境與紐約曼哈頓著稱的時尚前衛出入甚大。我跟Sam Lin約在他位於法拉盛的麵包店IRIS（全名是IRIS Tea & Bakery）見面。推開門入內就被精緻景象吸引：高挑的天花板掛上幾串前衛燈飾，一旁是窗明几淨的玻璃以及擺放整齊的各式麵包，店家也提供冷熱飲，可以感受出店家刻意營造與法拉盛其他麵包店家不同的氣氛。

初次見到Sam印象十分深刻，他給人的第一印象是誠懇穩重的態度以及溫和客觀的談吐。Sam的父親來自終年豔陽高照的南台灣屏東滿州，他自己則在台北出生長大，一九九七年到紐約大學史登商學院攻讀EMBA。畢業後曾到華爾街的德意志銀行工作，但總覺得那裡是個人生大賭場，說穿了就是每天在一堆賭數字遊戲中生活。回台工作三年後，考慮著是要前往中國發展，或者回到紐約創業。與家人長談後決定回到紐約，考量到美國商業規則相對完整，對紐約整體環境更熟悉，美國教育對將來小孩們也相對有利。

二〇〇三年初Sam和台灣的「快可立」珍珠奶茶合作，並於當年六月十四日在法拉盛「中美超市」對面正式開業。回憶起十幾年前的事情，Sam的臉上還是帶著一絲驕傲，他強調：當時珍珠奶茶在紐約剛剛起步，我也不敢預測這樣的投資是否正確？說心裡不害怕是假的！畢竟這裡是紐約，是許多創業家實踐夢想的地方，但也有不少人葬身此地。

第一家「快可立」站穩腳步後，第二家店於二〇〇五年五月在曼哈頓華埠格蘭街（Grand Street）開設，除了提供珍珠奶茶等冷飲，更是第一批引進日式涮涮鍋的商家之一。Sam談起那段時光：「當時曼哈頓賣台灣珍珠奶茶的店家只有『天仁茗茶』，我們生意之好簡直難以形容，總之排隊人潮就是很長很長……」

除了「天仁茗茶」，當時紐約販賣珍珠奶茶的店家另有香港「小歇」及加州來的「品客多」（二〇〇一年開業，但後來經營發生問題而於二〇〇四年歇業），可以說珍珠奶茶在紐約冷飲市場才剛剛起步。五年左右，紐約才陸續出現其他的珍奶冷飲業者，例如「功夫茶」、「日出茶太」以及ViVi茶飲（本文第二個故事）。Sam與來自台灣的「快可立」一直合作到二〇一一年，之後又與另外一家冷飲公司

CoCo合作。CoCo的總經理是Sam在紐約華爾街工作時的朋友，大家經營理念相同，因此Sam決定幫CoCo開拓紐約的珍珠奶茶市場。

紐約CoCo創業之道

走在曼哈頓街頭遊人如織，人手一杯咖啡香味四溢，咖啡連鎖店與個性咖啡店已經遍布街頭，不過眼尖的人可以發現，近二十年來紐約客對東方文化的興趣一直升高，街頭巷尾經常可見「瑜伽」與「禪學靈修」等招生課程，亞洲菜肴更是深得紐約客青睞，看看日本料理與拉麵店總是爆

Sam Lin經營的第一家「快可立」泡沫茶飲店。

滿，泰國菜與越南菜餐廳也是人聲鼎沸。此外，這三十幾年來大量中國移民來到紐約，先後駐足法拉盛、曼哈頓下東區與布魯克林八大道，再加上原本的曼哈頓華埠，到處都可看到中式餐館、聞到醬油飄香。更重要的是，在東方世界具有關鍵角色的「茶」在紐約也逐漸熱門，東村開了好幾家日本茶館，格林威治村也有不少販售東方茶葉的專賣店，不少紐約客開始認識東方茶飲的知識，並且學習如何品茶。

CoCo茶飲恰恰在如此背景下受到紐約客喜愛。有趣的是，珍珠奶茶的消費形態與傳統中國與日本的飲茶不同，它的組成成分是以紅綠茶加上牛奶與粉圓（木薯、地瓜粉與馬鈴薯粉）製成，同時也可以增加不同的配料（topping），把冷飲內容以多元色彩與不同層次的味道呈現出來，再加上手搖珍珠奶茶動作帥氣有趣，短時間內紐約客對此趨之若鶩，因此Sam的CoCo茶飲店前總是門庭若市。

經過幾年的篳路藍縷，Sam目前在大紐約已經擁有十四家CoCo茶飲店，一家麵包專賣店IRIS，以及一輛專售CoCo茶飲的快餐車（food truck），我很好奇地問

Sam：這裡是紐約，不是台灣，你又同時經營十五家CoCo珍珠奶茶冷飲店，你是如何辦到的呢？

Sam的回答讓我印象深刻。他強調在經營策略上偏好「直營方式」，因為他看過太多「加盟方式」失敗的例子。直營店在管理上比較費心費力，但自己可以全權處理。加盟方式雖然可以讓店家快速成長，幫店家快速建立知名度，但管理上容易各自為政，各個店面的食物品質也會有落差，容易遭到消費者詬病。有些冷飲加盟店為了多賺些錢，兼賣壽司或類似台灣自助餐的「三菜一湯」，雖然提供顧客便利性，但也會犧牲消費者對冷飲店家的專業度的信賴感。因此Sam的紐約CoCo與台灣的CoCo是合資，但紐約的十五家店面全屬直營店。

CoCo的經營策略

店家經營商者應該都會同意：要開一家會賺錢的店鋪，最先考慮的條件一定是地點，對紐約飲食生態相當了解的Sam也不例外。為了讓紐約客與遊客有機會嘗到擁有特殊風味的台灣飲品，CoCo茶飲在曼哈頓、皇后區與布魯克林三大地區均有據點。曼哈頓店家的消費目標是每年吸引成千上萬的觀光客，亞洲移民的大本營皇后區則以在地社區居民為主，而流動性極強的冷飲餐車可以在大街小巷四處走動，提升CoCo茶飲在市場上的曝光率。因為冷飲店無法像紐約餐廳以成本高昂的裝潢吸引顧客，CoCo茶飲更強調以地點便利性取勝。店面多設在地鐵站附近，方便遊客就近購買。

「除了嚴選地點之外，人事管理也相當重要！」Sam緊接著說。在員工聘請訓練上，Sam發現應徵員工來自中國的比例相當高，甚至不少人畢業北大、清華、同濟、復旦以及中山大學等一流高校，之後來美國攻讀碩博士學位，利用畢業後與正式工作前的時間來應徵工作，畢竟畢業後要馬上找到一份工作不容易。Sam相當樂意幫助這些年輕人，只要願意學習並經過訓練，將來可以擔任兼職或者全職員工，如果工作認真且有傑出表現，Sam也從中選出店長，誠摯地邀請他們加入股東成為事業夥伴加速業績成長。

「當地點與人事問題解決後，再來就是冷熱飲品質的維持，尤其這幾年大家看到太多食安問題，包括起雲劑、不當添加物、色素，還有品質不良的茶葉，如果沒有嚴格管理飲食流程，那麼食安問題可能隨時發生。」Sam以謹慎口氣強調，餐飲生意的最基本原則是保障消費者的飲食安全，況且這裡是美國，如果顧客發生食安問題，那可是相當嚴重的事情！為了控管品質，泡好後的茶必須在四小時內賣出消化，否則時間一久茶葉味道變質，不但無法製出好的冷飲，也可能產生衛生問題。各種配料如荔枝椰果、蘆薈、西米露、紅豆、仙草凍、荔枝凍、布丁、木薯、芒果醬與百香果醬等也都從台灣進口。

Coco茶飲店參與紐約社區活動logo。

紐約華人或者東方遊客對珍珠奶茶絕不陌生，至於喝慣咖啡的西方遊客對珍珠奶茶的接受度也相當高，他們經常訝異於顏色多元的冷飲外表，以及多層次口味的茶飲與配料。而對於經常走路且上下地鐵的紐約客或者觀光客而言，能在口渴時喝上一杯香醇的珍珠奶茶也確實過癮。但想在餐飲業競爭激烈的紐約立足，CoCo茶飲也精心經營社區認同。在亞洲移民較多的皇后區與布魯克林，他們經常舉辦回饋活動，例如華人新年紅包、大都會棒球隊勝利的折扣、情人節活動、台灣社團聯誼，把台灣的飲食文化融入紐約街頭，透過一根吸管與豐富的茶飲配料，把台灣茶

Coco茶飲店工作人員與宣傳活動。

Coco茶飲店的宣傳活動。

飲文化的多元與精緻展示給世界不同國家的人。

麵包品味的追求：IRIS麵包點心店

Sam另一個夢想是經營一家有品質高格調的麵包店，這幾年從曼哈頓的華埠、布魯克林的第八大道，乃至於皇后區的法拉盛，除了各式餐館競相湧現外，另一個特色是大量麵包小食店陸續出現，例如著名的「大班」、「美心」與「發達西餅」，這些店家慣以麵包分量大且價格低廉取勝，適合朋友見面聊天，是紐約華人相當喜愛的小歇據點。另外一種麵包店是韓國人經營的Paris Baguette和Tous les Jours，店家裝潢相當雅致，用餐環境舒適，服務生穿著富有設計風味的制服，冷熱飲與蛋糕麵包的品質也相當好，不僅吸引亞洲消費者，甚至不同族裔的紐約客也相當喜歡。

為了提升華人麵包店的品質，Sam陸續在曼哈頓東村，皇后區的赫姆斯特與法拉盛開啟了三家IRIS麵包店，目前僅法拉盛店仍在經營。我去訪問Sam的這一天，恰恰遇到IRIS麵包剛從烤箱出爐，我循著濃濃香味來到麵包櫃前，細數之下麵包種類包括台式菠蘿麵包、北海道菠蘿麵包、起酥肉鬆麵包、帕馬森熱狗麵包

（parmesan hot dog bread）、芋泥骰子（taro cube）、日式蛋塔蛋捲（Japanese roll cake）、日式芝麻鮪魚麵包、抹茶蔓越莓乳酪麵包（Mocha cranberry cream Chinese bread）。與紐約華人麵包店不同的是，IRIS每個麵包種類旁均附上保存溫度、出爐時間，以及製作成分等，讓顧客買得實在也吃得安心。Sam強調：紐約衛生局對食品安全的檢查相當嚴格，經常派遣執法人員來到店家抽檢，也會以「溫度計」隨機檢查含有肉類、起司與蛋類的麵包食物，如果測到肉類溫度不到華氏一四〇度就會不合格。因此他相當自豪自家產品能符合這樣嚴格的標準。

此外，有了CoCo茶飲作為強力後盾，IRIS的冷熱飲陣容也十分堅強，我往牆上一看就有日式奶茶、沖繩黑糖奶茶、靜岡抹茶奶茶以及淺草櫻莓奶茶，這些冷飲系列也可以加珍珠、紅豆、椰果與有機奇異果等配料。當然，喚醒紐約客一天開始的各類咖啡也是必不可少的。

Sam對IRIS的經營策略與CoCo相似，除了加強自身食品的檢查外，也經常結合社區活動嘉惠居民，例如紐約大都會棒球隊打進「世界大賽」的話，IRIS會推出「買一送一」的優惠方式，其他活動包括華人農曆新年、情人節、端午節或者中秋節等，IRIS也會推出應景活動。此外，法拉盛著名的喜來登飯店近在咫尺，IRIS也因為製作精良美觀大方的結婚蛋糕通過喜來登酒店的嚴格考驗，成為專屬且唯一的供應商。

為了提升IRIS的經營品質，Sam已在紐約皇后區成立一個三千平方英尺的製作麵包糕點「中央工廠」，在那裡先把麵包原料的雛形做好，之後送到各個門市發酵製作，如此一來可以減少麵包與糕點的製作時間。目前法拉盛的麵包糕點已經進入戰國時代，前有韓國優質Paris Baguette與Tous les Jours麵包店，後有價格低廉以量取勝的「大班」、「美心」與「發達西餅」，夾在中間的IRIS必須加快腳步，把具有台灣特色的麵包飲食文化發揚光大！

在紐約已經生活多年的Sam發現：隨著台灣移民的減少，過去台灣移民擅長經營的超級市場與餐館已經走下坡，很難與來自中國各地的移民一較高下。然而，就冷熱飲與麵包餐點而言，因為中國移民在紐約經營餐館的策略還是以「削價競爭」為主，缺乏日本或韓國業者以建立「優良品牌」為主的長遠經營方式，因此短時間內或許可以獲得一定利潤，長期下來對店家的品質會造成惡性的影響，所以強調品質的CoCo及IRIS還是有競爭優勢的。

經過幾次的訪談見面，再對照Sam給我看的年輕照片，我驚覺發現：十年前剛到紐約青澀模樣的Sam，如今已經蛻變成一位成熟謹慎卻不失大方幽默的老闆了。Sam笑著說：今天事業小有成就，非常感念年少時從故鄉台灣學習到克苦耐勞的精神。他此時又告訴我，他在曼哈頓上還有一家類似台灣「四海遊龍」的鍋貼豆漿店，名為DiDi（中文發音似「弟弟」），恰恰與Coco（中文發音似「哥哥」）相互呼應。這家DiDi自二〇一一年開業至今已五年了，店內有鍋貼、水餃、玉米濃湯與酸辣湯等，提供紐約客另一項亞洲飲食選擇。Sam不懼怕任何挑戰，更一心將台灣特色的飲食文化帶到紐約，因此台灣珍奶才能揚名海外，紐約街頭也能飄著濃濃的家鄉味。

第二代大陳人在紐約：紐約ViVi黃紹龍的故事

四月初的紐約細雨霏霏，再加上遠從皇后區牙買加到布魯克林第八大道社區（紐約第三個中國城）搭地鐵耗時甚久，幾乎懶得出門，已經打算要延遲與紐約著名珍珠奶茶ViVi老闆的訪談了。此刻熱心幫忙促成我與ViVi老闆約見面的好友許伯丞傳來簡訊：「黃老闆已經在等你了！快點赴約吧！」我只好披上夾克，三步併作兩步地跳上公車再轉好幾班地鐵直奔布魯克林「第八大道」。

布魯克林「第八大道」俗稱紐約第三個中國城（有別於華埠與法拉盛），主要是刻苦耐勞的福州移民發現曼哈頓下城東百老匯一帶已經飽和，因此越過東河來到布魯克林尋求商機，假以時日變成今天的華人移民聚集的第八大道。我心裡想：「如果按照目前中國人嚮往移民紐約，或許第四或第五個中國城很快就會在紐約出現了。」

與ViVi老闆黃紹龍約在剛剛開幕的台灣鹽酥雞專賣店「去啃」（Chi-Ken）訪談，第一次見面就感受到他的熱情。見我淋了一身雨，馬上拿出熱騰騰的看家小吃台灣炸雞排請我，一咬下去之後彷彿回到自己熟悉的台灣夜市，油滋吱的雞肉味道真是盡在不言中呀！

一九七六年出生的黃紹龍於一九九一年移民到美國紐約。他的父親是台灣大陳人，大約於一九八〇年代來美，曾在紐約長島的「川園」江浙餐館擔任大廚，燒得一手好菜，黃紹龍回憶起父親燒的江浙菜，總是讚不絕口。黃紹龍來到紐約後一邊讀書，一邊在法拉盛羅斯福大道上的「中華書局」打工，因為酷愛日本漫畫書，索性開起三家漫畫書店，不少台灣朋友喜歡來此租書，享受漫畫情境中的無窮樂趣。這三家漫畫書店經營時間從一九九九年到二〇〇九年，之後不敵網路時代的興起，只好關門歇業。

當時他注意到珍珠奶茶店家在紐約已經出現，受到Sam經營「快可立」的啟發，決定投入「珍珠奶茶」的創業，並以女兒名字ViVi作為店家名稱。二〇〇七年黃紹龍的第一家珍珠奶茶熱鬧地在曼哈頓華埠佰野街（Bayard Street）四十九號開幕，除了以珍珠奶茶為主的冷熱飲外，也兼賣台灣小吃與鹽酥雞。然而隔行如隔山，經營冷飲店對黃紹龍來說完全是一項新的嘗試，為了熟悉冷熱飲的製作過程，他花時間也下足苦功夫學習店家冷熱飲的原料成分、茶葉知識，以及泡製技術等。為了要提升ViVi所有冷熱飲的品質，黃紹龍還曾專程回到台灣學習三個月，回到紐約後大幅調整了產品內容重新出發。

位於華埠的第一家ViVi生意穩定成長，到了二〇一三年第二家ViVi在曼哈頓第七大道與二十三街附近成立，當時生意步上軌道，了解打鐵趁熱的道理，黃紹龍第三家ViVi又在華埠另一端開幕，第四家ViVi也在下城華爾街成立。在經營策略上，黃紹龍採取台灣加盟方式，因此店家數量成長迅速，目前大紐約已有多達十幾家ViVi珍珠奶茶，甚至連外州芝加哥、德州、康州、費城與喬治亞州也有加盟店。總地來說，黃紹龍旗下的ViVi珍奶加盟店在美國已經多達三十幾家，預計近期內進軍美西加州。

面對數量十幾家的ViVi冷飲店，黃紹龍花了相當多的心思在店家經營。在員工聘請方面，與Sam的CoCo相似，黃紹龍的員工也以年輕亞洲人為主，員工來自台灣、香港與中國。台灣員工從小就熟悉珍珠奶茶的文化，因此職業訓練上容易上手，至於香港與中國員工的

黃紹龍的ViVi珍珠奶茶專賣店。

培訓就得多花一些心思。

此外，在華埠地區上班的員工要多了解華人的冷飲習慣，例如華人顧客介意糖分的添加多寡，必須事前詢問清楚。至於洋人較多的觀光區要嫻熟英語使用，必須清楚地告訴顧客冷熱飲的成分，甚至可以講些東方的飲茶文化。此外，黃紹龍也十分注意自己店家的所有冷熱飲必須符合紐約市的食品衛生標準，他微笑地說：「做飲食生意就是要秉持良心！」

當ViVi珍珠奶茶步上軌道之後，黃紹龍並沒有滿足現況，希望引入更多好吃且有台灣特色的小吃到紐約來。此時他靈機一動，那何不把台灣著名的「鹽酥雞」文化帶到紐約呢！

從二〇一三年起，黃紹龍就精心籌劃成立一家賣台灣鹽酥雞食品的專賣店。從二〇一三年到二〇一六年整整三年時間，黃紹龍自己研究鹽酥雞如何製作，包括雞肉選購、醃製以及油炸的技術，也利用時間回台灣觀摩台灣鹽酥雞店家的營運模式，最後發現「櫥櫃玻璃」方式相當適合紐約的經營方式，一方面讓顧客一目了然地選取自己喜愛的食物，另一方面也符合紐約市的衛生標準。

經過三年的籌備，黃紹龍取名為「去啃」（Chi-Ken）的鹽酥雞專賣店終於在紐約第三個中國城，即布魯克林的「第八大道」熱鬧開幕了，並強調這是在紐約「台灣第一家鹽酥雞連鎖店」，有別於其他店家經營的台灣小吃。

訪問黃紹龍那天晚上淒風苦雨，我尋覓許久才找到這家「去啃」，走在布魯克林第八大道靠近「去啃」時，我遠遠就聞到那股熟悉香濃的台灣鹽酥雞味道。到了店家外面，映入眼簾的是設計時尚且簡單大方的裝潢，店家門面寫著 Taiwanese Popcorn Chicken Store 幾個英文字，我就知道來對地方了！

入門瞧瞧，店家左邊以「玻璃透明櫃」展示所有食材，顧客可以隨意點取自己想吃的食物，再由後面廚房油炸，室內擺上數張桌子供顧客內用。我坐在店內訪談黃紹龍，他也大方地請我試吃店家招牌的「脆皮鹽酥雞」，我一面啃著鹽酥雞，一面聽著他如何努力地創立 ViVi 珍珠奶茶以及這家「去啃」台灣鹽酥雞。

「去啃」雖然主打鹽酥雞專賣，但是周邊台灣小吃相當多元，黃紹龍把店內所有食品分成六大區：分別是「雞肉與肉串區」、「海鮮區」、「蔬菜區」、「台式丼飯」、「台灣正港味」以及「異國美食區」。「雞肉與肉串區」主打鹽酥雞與雞排，再加上一些烤肉串。「海鮮區」有椒鹽蝦、蝦卷、魚蛋、花枝丸與油炸大魷魚等。「蔬菜區」專賣杏鮑菇、玉米、黃瓜、蓮藕、蘆筍、花椰菜、四季豆與金針菇等。

「台式丼飯」提供雞排飯或者魷魚飯給飢腸轆轆的顧客。「台灣正港味」專賣甜不辣、台灣一口香腸、米血糕、豆腐、豆干與蘿蔔糕等。最後一項「異國美食區」有美式熱狗堡、日式可樂餅以及起司條。

黃紹龍強調：布魯克林第八大道租金相對便宜，加上是紐約華人俗稱的紐約第三中國城，歷史雖然比不上曼哈頓華埠悠久，整體規模也不若皇后區法拉盛多元，不過這區未來潛力無窮，沒有太多台灣食物或餐館進駐，所以選擇在這裡開店。預計在曼哈頓東村及法拉盛開店，讓紐約三大地區都能聞到台灣鹽酥雞的香味。

一九九〇年代初期來到紐約時黃紹龍還是個國中生，從昔到今，他見證了紐約華人移民的變化。法拉盛從上個世紀的小台北變成今天中國移民的大本營，過去在緬街與羅斯福大道附近的四十路雖然只有一小段路，但從街頭往街角看過去，一條小巷有錄影帶店、台式日本料理、台式麵包店、馬來西亞餐廳（目前還在營業）等各餐館。

黃紹龍記得，在中國移民大量來到法拉盛之前，當時住在那裡的移民相對單純，以台灣人居多，其次有廣東台山人、香港人，還有不少從台灣輾轉到紐約的上

布魯克林八大道的「去啃」鹽酥雞專賣店。

「去啃」琳瑯滿目的餐點櫥窗和招牌的「脆皮鹽酥雞」。

海人。好景不常，大約從一九九五年開始，中國移民增加，不少居住在法拉盛的台灣移民就搬到長島或紐澤西，最後法拉盛成為中國各地移民的據點。

而他後來開店的布魯克林「第八大道」則是由福州移民開創的。福州移民從一九九〇年代之後陸續到紐約，一開始據點是曼哈頓的東百老匯（East Broadway）一帶，當時華埠以廣東移民為主，周邊有台灣、越南與福州移民，其中福州人勢力最大，甚至成立著名幫派「福清幫」。當時福州移民多以偷渡來美，一九九三年六月六日，還發生載著偷渡客的「金色冒險號」（Golden Venture）在紐約市皇后區外海擱淺，因偷渡接應發生問題，不少人跳船自行游泳上岸，造成十幾人溺死的不幸事件。

目前福州移民大多循正當管道來美尋求他們的「美國夢」，而在紐約的福州人大多以「家庭模式」尋求生存並拓展事業，兄弟姊妹與親戚均是生活上與事業上的好幫手。為了追求更好的生活環境，不少福州移民借錢來到紐約討生活，一個人最低費用至少是四萬到六萬美金，來到美國後為了償還這筆金錢，福州人必須勤奮工作才能償還債務，並努力累積自己的第一桶金。除了盡速償還積欠的「赴美費用」，福州移民之間有一個未成文的約定：如果要向朋友或家鄉親戚證明在美事業成功，那麼最好在紐約或者其他州擁有自己的一個餐館或者生意店面。這些中國新移民工作認真，不少人曾到台灣人經營的餐館工作，經過十來年的學習，許多原本在餐館「打工」的移民外出自行開業，例如壽司師父就開壽司店，鐵板燒師父開鐵板燒餐館，也有不少人投入中式餐館的經營，這時候有一句莞爾卻傳神的話流傳在紐約華人社團中：美國領土近十年來已經多「兩州」，那就是「溫州」與「福州」！

隨著中國各地移民來到紐約並前仆後繼投入餐飲業，不論在曼哈頓或者皇后區的華人社區，經營中菜變得競爭許多且新的台灣移民願意投入餐飲業也變少了。然而，Sam創立的Coco茶飲以及黃紹龍成立的ViVi茶飲告訴我們台灣移民並未完全從餐飲業退場，只不過換上更精緻且多元的面貌重新出現在餐飲市場。兩家茶飲老闆對東方的「茶文化」下了相當深的功夫，並搭配亞洲的麵包餐點與台灣式的鹽酥雞在紐約的餐飲業占有一席之地。他們已經擺脫過去華人擅長卻為人詬病的「削價」經營模式，改以嘉惠社區且高品質的方式吸引各地紐約客，成功地把台灣茶飲與餐點文化輸出到海外。

小結：為什麼要寫紐約台灣人經營餐館？

我在紐約生活打混多年，頭幾年一方面要應付紐約大學博士班的繁重課業，另一方面也著迷曼哈頓的時尚多元，一直沒有足夠機會認識美東最大的華人中國城法拉盛（Flushing），只能利用週末空檔坐上華人經營的「金馬電召車」到法拉盛辦理雜事並補充下一週的菜色，最重要的是買完菜後到附近餐館外帶便宜的三菜一湯回家與太太好好吃上一餐，並相互鼓勵準備下一週嚴峻的博士班課程。

幾年後考完博士班資格考課業壓力減輕許多，偶然間向我們社區艾斯托利亞（Astoria）的紐約台灣基督教會（Taiwan Union Christian Church）的牧師買輛二手車，空暇之餘經常征戰皇后區大小網球場，打完網球後直奔法拉盛的餐館大快朵頤！隨著造訪次數增多，我開始蒐集光顧過的各式餐館菜單，也對當地餐館歷史與文化產生高度興趣，希望從中了解法拉盛的發展歷史。經過幾年的走訪調查與口述訪問，認識不少早期從台灣移民紐約的長輩鄉親，他們曾經胼手胝足在紐約開啟餐館，有的在曼哈頓，有的在皇后區法拉盛，不約而同地把台灣與東方的食物味道帶入這顆大蘋果，讓我們這些後來的留學生處處有機會飽嘗台灣故鄉食物的滋味。

早期紐約文壇前輩作家劉大任與張北海，或者晚近在網路電子媒體寫紐約多元文化的作家莊士杰（Abraham Chuang），先後寫出紐約這座城市偉大與多元的精神，不過我總覺得好像還有哪些故事被遺漏似的，原來是這些故事不在高堂廟宇內，也不在檔案文本中，它們曾經活生生地出現在紐約街頭巷尾，是不少台灣移民來到紐約後發生的真人真事，因為這些故事曲折離奇，但也動人有趣，覺得真不應該隨著歷史逝去，我本著這樣的念頭，決定把這些台灣移民的餐飲故事寫出來，一方面對自己負責，另一方面也對這些前輩以及朋友致敬。

礙於各方面能力有限，我無法全面且地毯式地寫出台灣所有移民紐約的餐飲故事，只能從中選擇幾個甚具代表性的文章。第一篇的「歷史學家進廚房」，兩位台灣前輩李正三與郭正昭前後來到美國求學，學養知識過人、假以時日絕對能成為著名史家的兩人，從紐約中城帝國大廈「元祿壽司」出發，再分別往紐澤西及紐約上州發展，成為紐約日本料理的推手。我的專業訓練也是歷史學，因此看到兩位前輩棄文從商，又展現大膽無懼的創業精神，不免感到人生際遇確實難測。第二篇所提到的紐約蜀湘園集團，創業時間與「元祿壽司」約略同時，只不過地點是曼哈頓上西區靠近哥倫比亞大學。原本只是幾個台灣留學生與留學生家庭成員隨口說說的事情，竟然點石成金地將夢想化作美麗的事實。從第一家蜀湘園到巔峰時期的第九家蜀湘園連鎖店，蕭忠正夫婦、張亞鳳以及幾位來自大陳島的大廚，同心協力在曼哈頓不同角落燒出香濃味道的川揚菜。一九八〇年代在紐約要吃中菜，除了華埠老廣的廣東飲茶與叉燒飯，它絕對是最佳選擇，儘管蜀湘園集團已經解散，但這段輝煌歷史仍值得驕傲。

第三篇文章介紹了呂明森的「紅葉餐廳」。我忘記初識Morisan是哪一個活動前往法拉盛的「台灣會館」，第一次見到他雄赳赳氣昂昂地站在舞台上吹著薩克斯風，那優美動人的旋律至今還烙印在我腦海。Morisan的台菜「紅葉餐廳」，不論是裝潢、氣派或者食材，絕對是紐約亞洲餐館中的佼佼者。紅葉經營的時間雖然不長，但是那優雅大方的日式風格，現場駐唱的樂團與歌舞表演，以及台灣大廚親自烹飪的家鄉風味，我想今天紐約老一輩光臨過的鄉親沒有人敢否認吧！最後一篇故事背景來到今天的紐約，CoCo老闆林慶甫從紐約大學商學院畢業後與台灣的CoCo冷飲公司合作，不過幾年光景，CoCo已經在紐約闖出名號。林慶甫還跨行麵包餐點及煎餃專賣店。另一位珍珠奶茶老闆黃紹龍則是戰後從浙江撤退的大陳島第二代，從小耳濡目染下，對餐飲觀察相當敏銳，不但創辦了ViVi珍珠奶茶還有鹽酥雞專賣店「去啃」。這兩位年輕老闆都是有企圖、認真進取，總是戰戰兢兢地面對各種挑戰，也帶給我們代表台灣移民在紐約創業的新故事。

到紐約大學攻讀博士之前，我曾閱讀過不少台灣移民赴美奮鬥打拚的專書，儘管感佩他們的艱辛，但總覺得他們的故事離我太遙遠。經過十年的異鄉生活，我才知道這些移民在異鄉創業之不易。這四篇故事代表台灣移民在不同時期遠赴紐約努力在餐飲業掙得一席之地的歷史，他們的精采故事可能只是紐約移民文化的一小部分，卻是連接起台灣與世界飲食文化溝通的重要橋梁。

後記

從深夜食堂小隊到《食光記憶》

謝金魚（故事網站共同創辦人）

二〇一四年，當故事網站開站不久，我們邀請了胡川安來刊登他的第一篇文章「鐵板燒的小歷史」，接著是「日式豬排飯的小歷史」。

在草創之初，所有的夥伴都需要協助編務，我也經手了幾篇，至今還記得當時在深夜裡編著文章、一邊想著美食的情景，因此，我們將這些與飲食相關的文章排在晚上十點刊登，好讓讀者也體驗編輯的怨念。而後，又加入了其他幾位朋友，壯大故事的飲食史陣容。這些被我們暱稱為「深夜食堂小隊」的文章，宛如夜裡的小燈籠，亮著一盞盞人情的溫暖，這就是《食光記憶》的起源。

※※※

《食光記憶》是三位青年歷史學者跨出學術圈、從自身經驗出發回溯歷史的結晶，川安、郭婷與忠豪長年旅居歐美，也在異鄉完成了人生中的種種大事，在他們筆下，既能感受到移民們「日久他鄉即故鄉」的心緒，也能讀到回望吾鄉的款款深情。

從二〇一五年啟動《食光記憶》的出版計畫開始，我一直代表故事網站作為策劃協力的角色來協助，這是我們首次以合輯的方式成書，也是我們意圖將網路內容更進一步優化的一大步。

就我看來，現在的網路上並不缺乏好的知識內容，但網路與實體出版仍有極大的鴻溝，直接將網路內容合併的作法並非長久之道。而一個作者的培育跟累積需要時間，過早、過快地負擔起一整本書的寫作工作，對作者未必是一件好事。透過《食光記憶》的出版計畫，在十八個月來，我看著三位作者互相討論、互相鼓勵，確實是一件美事，在討論的過程中，各述所學所見，從而迸發出更多火花，我想這樣的模式對於作者而言，可能是一個負擔比較輕、也能走得更長的路。

然而，《食光記憶》並非一本一以貫之的書，它寄託了三個作者的生命經驗，也寄託了三座城市的歷史記憶，如三顆明珠，各自閃耀於亞洲與美洲上，如何串連起這三座城市？對於編輯而言，是很大的挑戰。我們很榮幸能與聯經的主編梅心怡小姐合作，她以歷史學的素養，細心地保留了三種截然不同的寫作風格，透過編排與設計，讓這本書可以帶給讀者豐富而多層次的閱讀經驗。

臺灣是個鍾情於「食」的國度，對於飲食背後的意義與文化，卻還需要更多理解與認識，而非行銷宣傳「被製造」的故事，這本書只是一個開始，我們希望可以由此串聯起更多的作者、更多的故事，讓飲食不只滿足味蕾，也豐富心靈。

聯經文庫
食光記憶：12則鄉愁的滋味

2017年3月初版 定價：新臺幣350元

著者 胡川安
郭婷
郭忠豪
總編輯 胡金倫
總經理 羅國俊
發行人 林載爵

叢書主編 梅心怡
校對 吳淑芳
封面設計 陳文德

出版者 聯經出版事業股份有限公司
地址 台北市基隆路一段180號4樓
編輯部地址 台北市基隆路一段180號4樓
叢書主編電話 (02)87876242轉211
台北聯經書房 台北市新生南路三段94號
電話 (02)23620308
台中分公司 台中市北區崇德路一段198號
暨門市電話 (04)22312023
台中電子信箱 e-mail：linking2@ms42.hinet.net
郵政劃撥帳戶第0100559-3號
郵撥電話 (02)23620308
印刷者 文聯彩色製版印刷有限公司
總經銷 聯合發行股份有限公司
發行所 新北市新店區寶橋路235巷6弄6號2樓
電話 (02)29178022

行政院新聞局出版事業登記證局版臺業字第0130號

本書如有缺頁，破損，倒裝請寄回台北聯經書房更換。 ISBN 978-957-08-4912-7 (平裝)
聯經網址：www.linkingbooks.com.tw
電子信箱：linking@udngroup.com

國家圖書館出版品預行編目資料

食光記憶：12則鄉愁的滋味/胡川安、郭忠豪、
郭婷著．初版．臺北市．聯經．2017年3月（民106年）．
256面．14.8×21公分（聯經文庫）
ISBN 978-957-08-4912-7（平裝）

1.飲食風俗 2.文集

538.7807 106002673